INIS DOM 4

Liam Breatnach

Gill & Macmillan

Gill & Macmillan Ltd
Ascaill Hume
An Pháirc Thiar
Baile Átha Cliath 12
agus cuideachtaí comhlachta ar fud an domhain
www.gillmacmillan.ie

© Liam Breatnach 2001
ISBN-13: 978 07171 3189 1
ISBN-10: 0 7171 3189 0
Léaráidí: Aislí Madden
Dearadh le Design Image, Dublin
Clóchuradóireacht bunaidh arna déanamh in Éirinn ag Carole Lynch

Rinneadh an páipéar atá sa leabhar seo as laíon adhmaid ó fhoraoisí rialaithe. In aghaidh gach crann a leagtar cuirtear crann amháin eile ar a laghad, agus ar an gcaoi sin déantar athnuachan ar acmhainní nádúrtha.

Gach ceart ar cosaint. Ní ceadmhach aon chuid den fhoilseachán seo a atáirgeadh, a chóipeáil ná a tharchur i gcruth ar bith ná ar dhóigh ar bith gan cead scríofa a fháil ó na foilsitheoirí ach amháin de réir coinníollacha ceadúnas ar bith a cheadaíonn cóipeáil theoranta arna eisiúint ag Gníomhaireacht Cheadúnaithe Cóipchirt na hÉireann.

ADMHÁLACHA

Ba mhaith leis na foilsitheoirí a mbuíochas a ghabháil leis na heagraíochtaí agus leis na daoine seo a leanas as cead a thabhairt dóibh dánta atá faoi chóipcheart a atáirgeadh sa leabhar seo:

Cló Iar-Chonnachta maidir le 'Taisteal' le Éamonn Ó Ríordáin agus Siobháin Ní Mhuimhneacháin maidir le 'An Féileacán'.

Beidh na foilsitheoirí sásta socruithe cuí a dhéanamh le haon sealbhóir cóipchirt nach raibh fáil air a dhéanann teagmháil leo tar éis fhoilsiú an leabhair.

RÉAMHRÁ

Comhrá ranga, comhrá beirte, cleachtaí éisteachta, scéalta, drámaí agus dánta taitneamhacha, tomhais, rabhlóga agus seanfhocail – tá siad go léir sa leabhar seo. Cloíonn na scéalta agus na cleachtaí go dlúth leis na téamaí atá aitheanta i gCuraclam na Gaeilge. *Mé Féin, Sa Bhaile, An Scoil, Bia, An Teilifís, Siopadóireacht, Caitheamh Aimsire, Éadaí, An Aimsir,* agus *Ócáidí Speisialta*. Cuirfidh na cleachtaí céanna gnéithe éagsúla den éisteacht, den labhairt, den léitheoireacht, den drámaíocht, den scríbhneoireacht agus den ghramadach chun cinn ar bhonn comhtháite.

Sna ceachtanna athbhreithnithe déantar dul siar ar an méid atá déanta go dtí sin, trí mheán na scéalaíochta is na drámaíochta. Tá thar nócha faoin gcéad d'fhoclóir na scéalta agus na ndrámaí sin feicthe ag na daltaí sna ceachtanna is sna leabhair atá léite acu go dtí seo. Méadóidh sin, go bhfios dom, a sult is a suim sna scéalta céanna. Daingneoidh siúd an foclóir agus na frásaí atá foghlamtha acu go nuige seo.

Séard atá ar an dlúthdhiosca a ghabhann leis an leabhar ná, scéalta, sceitsí, dánta is tascanna éisteachta. Tá script na gcleachtaí éisteachta le fáil sa leabhrán, Scéimeanna Bliana Rang (I–VI). D'fhéadhfadh an t-oide ceann díobh seo a léamh fad atá dalta ag éisteacht leis/léi agus ag féachaint ar phictiúr nó ar shraith phictiúr atá bunaithe air. Cuideoidh na cleachtaí líníochta is scríbhneoireachta le cumas ealaíne is scríbhneoireachta an dalta a fhorbairt.

CLÁR

			Lth
1	Lochán Uisce	Mé Féin	1
2	Bhí Ciara Tinn		5
3	Laoise ag Ní a cuid Gruaige	Sa Bhaile	11
4	Ciarán agus an Leabhar		16
5	Ciarán agus an Bheach	An Scoil	20
6	Dul Siar: *Scéal* — Na Peataí. *Dráma* — Tá Ciara tinn.		24
7	Oíche Shamhna	Ócáidí Speisialta	29
8	Laoise agus an Préachán	An Scoil	33
9	Rinne Laoise Ceapaire Cáise	Bia	38
10	Bheirigh mé Ubh aréir		42
11	Dul Siar: *Scéal* — Ricí agus Licí. *Dráma* — Bhris Ciarán a lámh.		47
12	An Teilifís	An Teilifís	53
13	Gach Aoine		57
14	An Crann Nollag	Ócáidí Speisialta	62
15	Gach Satharn	Ag Siopadóireacht	66
16	An Bráisléad		70
17	Dul Siar: *Scéal* — An Bráisléad agus An Phléascóg. *Dráma* — An Scannán.		75
18	Scannán Uafáis	Caitheamh Aimsire	83
19	An Leabharlann		87
20	Na hÉadaí Salacha	Éadaí	92
21	Daidí ag Obair		97
22	Bhí an tÁdh Linn	An Aimsir	101
23	Leac Oighir		107
24	Sa Spáinn	Ócáidí Speisialta	111
25	An Turas Scoile		116
26	Dul Siar: *Scéal* — Is Mise an Rí. *Dráma* — Ag Obair sa Ghairdín.		120
	Litriú		126

CEACHT 1

Comhrá: Beannaigh do do chara agus cuir ceist air.

A

1. Dia duit!
2. Conas tá tú?

B

1. Dia is Muire duit!
2. Tá mé go maith.

3. An bhfuil deartháir agat?
4. An bhfuil deirfiúr agat?

3. Tá deartháir agam.
4. Tá deirfiúr agam.

5. An bhfuil seanmháthair agat?
6. An bhfuil seanathair agat?

5. Tá seanmháthair agam.
6. Tá seanathair agam.

Mé Féin

1   a haon

Comhrá: Cad tá ar an mbóthar?
An bhfuil an ghrian ag taitneamh?
An bhfuil na fáinleoga ag eitilt?
An bhfuil na héin ag canadh?
An bhfaca Ciarán an lochán uisce?
An bhfuil tarbh sa pháirc? srl.

1 Dathaigh an pháirc, na fáinleoga, an bord agus an báisín.

1. fáinleoga
2. bláthanna
3. lochán uisce
4. rúitín
5. méara coise
6. stocaí
7. slipéir
8. báisín uisce

Lochán uisce

Bhí Ciarán ag siúl lá amháin. Bhí lochán uisce ar an mbóthar. Ní fhaca Ciarán an lochán. Shiúil sé isteach san uisce. Bhí a bhróga fliuch báite.

Shiúil Ciarán abhaile. Bhain sé a bhróga de. Bhain sé a stocaí de. Bhí a mhéara coise salach. Bhí a rúitín salach.

Nigh Ciarán a mhéara coise agus a rúitín. Chuir sé stocaí agus slipéir air féin. Ansin d'fhéach sé ar an teilifís.

Foclóir: Ní fhaca Ciarán = Ciarán did not see; fliuch báite = drowned wet; salach = dirty; d'fhéach sé = he looked.

2 Ceisteanna
1 Cé a chuaigh ag siúl?
2 Cá raibh an lochán uisce?
3 An bhfaca Ciarán an lochán uisce?
4 Cad a bhí fliuch báite?
5 Cad a bhí salach?

3 Éist agus tarraing   CD Rian 1

4 (a) Le foghlaim:

Chuir Máire a cos **sa** p**h**oll

(b) Líon isteach na bearnaí:
1 Chuir Seán peann isteach sa _____ (mála).
2 Chuir Ciarán uisce sa _____ (báisín).
3 Chonaic Íde liathróid sa _____ (páirc).
4 Chonaic Máire cailc sa _____ (bosca).
5 D'ith mé sceallóga sa _____ (bialann).
6 D'ól mé oráiste sa _____ (cistin).

3   a trí

5 (a) Le foghlaim:

mo mhála (mé)
do mhála (tú)
a mhála (sé)
a mála (sí)

(b) Líon isteach na bearnaí:

1. Cár chuir tú do _____ (cóta)?
2. Chuir Síle a _____ (ghúna) uirthi.
3. An bhfuil mo _____ (peann) agat?
4. Nigh Mamaí a _____ (chosa) inné.
5. Ní fhaca mé do _____ (madra) inné.
6. Chonaic Ciarán a _____ (cat) sa gharáiste.
7. D'ith Rónán a _____ (bricfeasta).
8. Cheannaigh Íde a _____ (bhuataisí) inné.

6 Tomhas

Tá dhá chois agam ach ní féidir liom rith.
Cé mise?

briste

CEACHT 2

Comhrá beirte/Comhrá baile

Cuir ceist ar do chara.

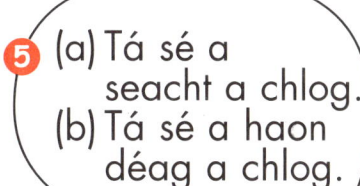

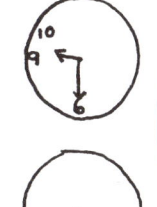

A
1. An bhfuil tú go maith?
2. An bhfuil tú tinn?
3. An bhfuil an fliú ort?
4. An bhfuil slaghdán ort?

B
1. Tá mé go maith.
2. Níl mé tinn.
3. Níl an fliú orm.
4. Níl slaghdán orm.

5. Cén t-am é?

5. (a) Tá sé a seacht a chlog.
   (b) Tá sé a haon déag a chlog.

6. Cén t-am é?

6. (a) Tá sé leathuair tar éis a naoi.
   (b) Tá sé leathuair tar éis a cúig.

Foclóir: slaghdán = cold

Comhrá: Cá bhfuil Ciara?/an báisín?/an léine?
Cén t-am é i bpictiúr a haon/a dó/a cúig?
Cá bhfuil an dochtúir i bpictiúr a trí?/
i bpictiúr a ceathair?

1 Dathaigh an piliúr, an ruga, éadaí an dochtúra agus an leabhar.

Bhí Ciara tinn

Bhí Ciara tinn aréir. Ar maidin chuir Daidí fios ar an dochtúir. Tháinig an dochtúir ar a deich a chlog. D'fhéach sí ar Chiara. D'fhéach sí ar a súile. D'fhéach sí ar a teanga. D'fhéach sí ar a muineál.

Thóg sí a teocht le teirmiméadar.

"Hm," arsa an dochtúir. "Tá an fliú ort."

Thug sí bosca piollairí do Dhaidí. Thóg Ciara na piollairí. Bhí biseach uirthi ansin.

Foclóir: aréir = last night; súile = eyes; muineál = neck; teocht = temperature; Bhí biseach uirthi = she improved.

6   a sé

2 Ceisteanna

1. Cé a bhí tinn aréir?
2. Cé a chuir fios ar an dochtúir?
3. Cén t-am a tháinig an dochtúir?
4. Ar fhéach an dochtúir ar a cluasa?
5. Céard a thóg sí le teirmiméadar?
6. Céard a bhí ar Chiara?
7. Céard a thug an dochtúir do Dhaidí?

3 (a) Le foghlaim:

1 a haon	5 a cúig	9 a naoi
2 a dó	6 a sé	10 a deich
3 a trí	7 a seacht	11 a haon déag
4 a ceathair	8 a hocht	12 a dó dhéag

(b)

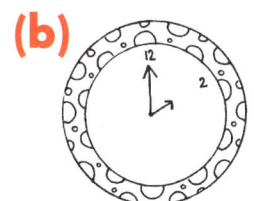

Tá sé a dó a chlog.

Tá sé a hocht a chlog.

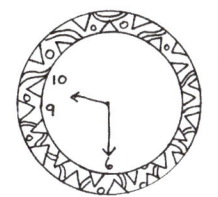

Tá sé leathuair tar éis a naoi.

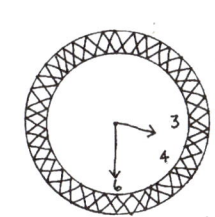

Tá sé leathuair tar éis a trí.

(c) Scríobh amach an t-am.

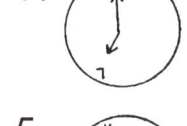

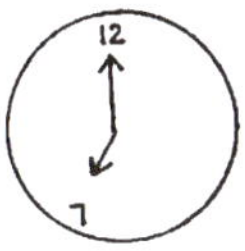

1.   2. 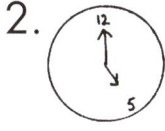   3. 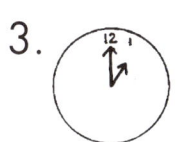   4.

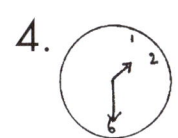

5. 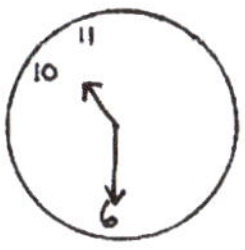   6. 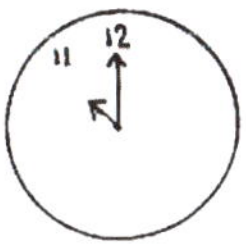   7. 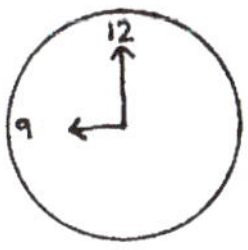   8.

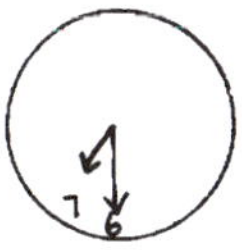

4 (a) Le foghlaim:

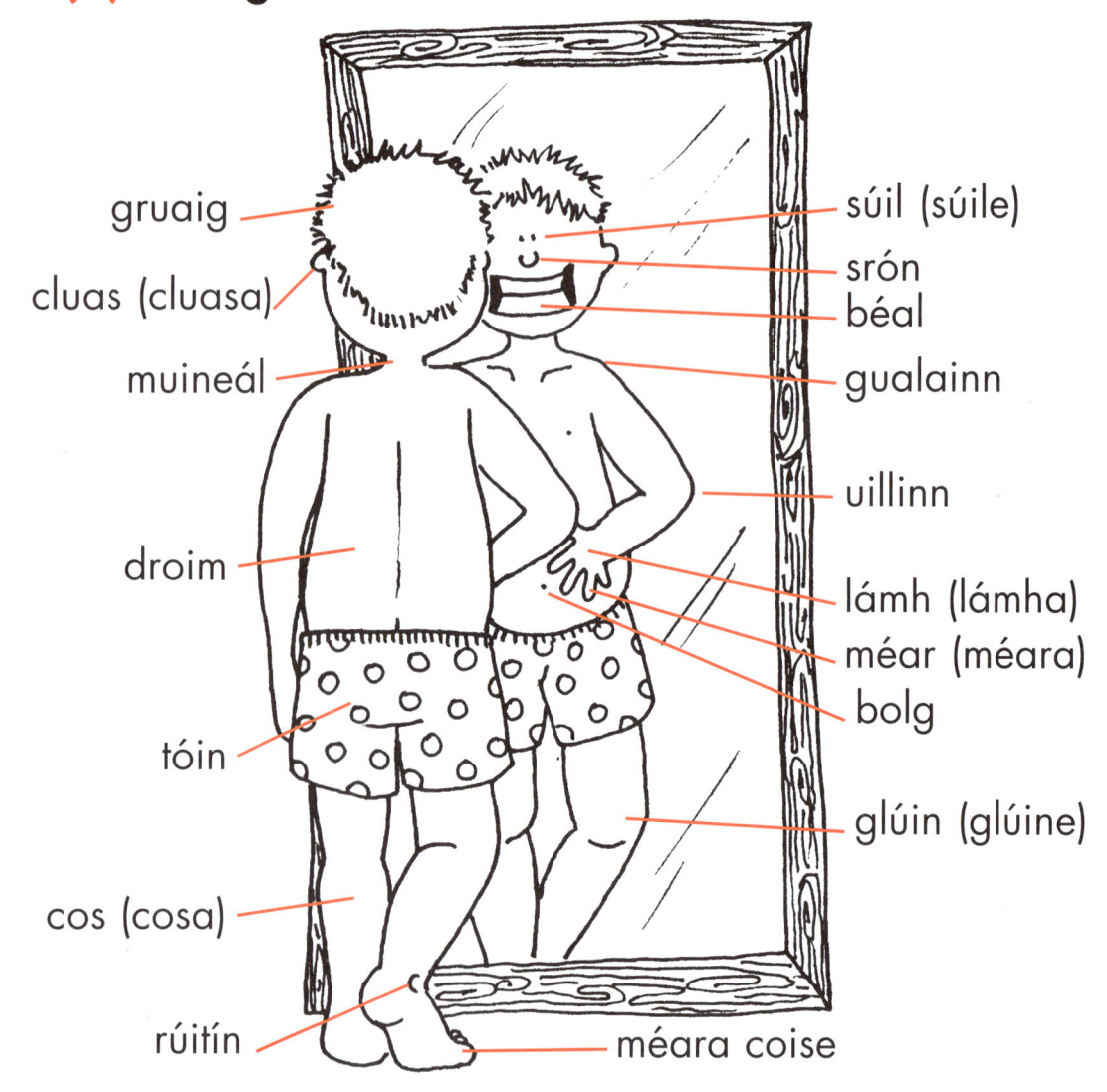

- gruaig
- cluas (cluasa)
- muineál
- droim
- tóin
- cos (cosa)
- rúitín
- súil (súile)
- srón
- béal
- gualainn
- uillinn
- lámh (lámha)
- méar (méara)
- bolg
- glúin (glúine)
- méara coise

(b) Ainmnigh uimhir a haon go dtí uimhir a naoi.

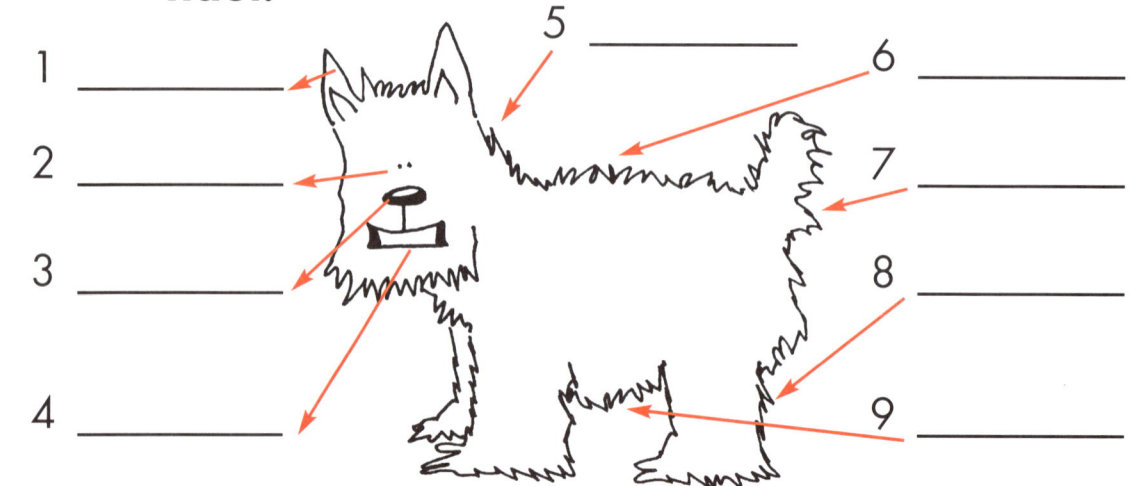

1 _____
2 _____
3 _____
4 _____
5 _____
6 _____
7 _____
8 _____
9 _____

8   a hocht

5 (a) Le foghlaim:

biseach – teirmiméadar – dochtúir – bosca piollairí – leathuair tar éis a naoi – a naoi a chlog – sé – Liam

(b) Scríobh an scéal:
Bhí Liam Tinn

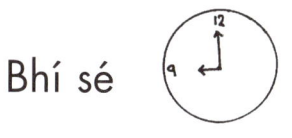

Bhí sé ___ _____ __ _____ . Chuaigh Liam isteach sa _____. Bhí _____ tinn. Chuir Mamaí fios ar an _____ .

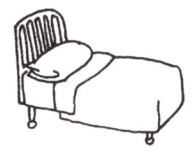

Tháinig an dochtúir ar _____ ____ ____ ___ _____. D'fheach sí ar _____ .

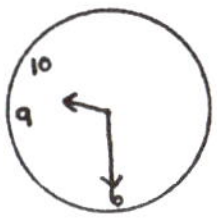

Thóg sí a theocht le _____.

Thug sí _____ _____ do Mhamaí. Thóg Liam na _____ . Bhí _____ air ansin.

6 Tomhas

Tá lámha agam, tá aghaidh orm ach ní féidir liom m'aghaidh a ní. Cé mise?

clog

CD Rian 2

An Seilide

Tá teach breá agam,
Ní fhágaim é choíche,
Ar maidin, iarnóin,
Tráthnóna ná oíche.

Tá naimhde agam
Atá beag agus mór,
Ag faire go géar,
Aimsir the agus fhuar.

Tosaím ag siúl,
Nuair a théann an ghrian faoi,
Is féidir liom ithe,
Bíonn na héin ina luí.

Fillim abhaile
Gach maidin go luath,
Adhraím mo shárDhia,
's téim chun suain.

CEACHT 3

Comhrá beirte/Comhrá baile

Cuir ceist ar do chara.

A

❶ Cén aois thú?

B

❶ (a) Tá mé naoi mbliana d'aois.

❶ (b) Tá mé deich mbliana d'aois.

❷ Ar nigh tú d'aghaidh ar maidin?

❸ Ar nigh tú d'fhiacla ar maidin?

❷ Nigh mé m'aghaidh ar maidin.
❸ Nigh mé m'fhiacla ar maidin.

❹ Ar nigh tú do chuid gruaige ar maidin?
❺ Ar nigh tú do chosa ar maidin?

❹ Níor nigh mé mo chuid gruaige ar maidin.

❺ Níor nigh mé mo chosa ar maidin.

11   a haon déag

Comhrá: Cá bhfuil an t-uisce?
Céard atá sa ghloine?
Céard atá sa bháisín níocháin?
Céard atá i láimh Mhamaí?
Céard atá á dhéanamh ag Laoise?

1. Tarraing i do chóipleabhar scáthán, báisín níocháin agus tuáille.

seomra folctha ❶
báisín níocháin ❷
scáthán ❸
tuáille ❹
Thriomaigh sí
taos fiacla ❺
scuab fiacla ❻

Laoise ag ní a cuid gruaige

Chuaigh Laoise isteach sa seomra folctha. Chuir sí uisce sa bháisín níocháin. Chuir sí uisce ar a cuid gruaige. Chuir sí seampú ar a cuid gruaige. Ansin nigh sí í.

Chuir sí uisce ar a cuid gruaige arís. Ní raibh aon tuáille sa seomra.

"Níl aon tuáille agam," arsa Laoise os ard.

Tháinig Mamaí isteach agus thug sí tuáille di.

"Go raibh maith agat, a Mhamaí," arsa Laoise agus thriomaigh sí a cuid gruaige.

2 Ceisteanna

1 An ndeachaigh Laoise isteach sa chistin?
2 Cár chuir sí an t-uisce ag rith?
3 Ar chuir sí uisce ar a cosa?
4 Céard a chuir sí ar a cuid gruaige?
5 An raibh tuáille sa seomra folctha?
6 Cé a thug an tuáille do Laoise?
7 Céard a rinne Laoise leis an tuáille?

3 Oscail do chóipleabhar agus éist.   CD Rian 3

4 (a) Le foghlaim:

INNÉ – H

D**h**ún mé an doras **inné**.

D**h**ún tú an doras **inné**.

D**h**ún sé an doras **inné**.

D**h**ún sí an doras **inné**.

D**h**ún**amar** an doras **inné**.

D**h**ún sibh an doras **inné**.

D**h**ún siad an doras **inné**.

(b) Scríobh amach an abairt seo a leanas agus lean ort mar atá déanta thuas agus tarraing na pictiúir.

Thóg mé piollairí inné.

13   a trí déag

5 (a) Le foghlaim:

Léim an luch **isteach** sa bhosca.

Tá an luch **istigh** sa bhosca.

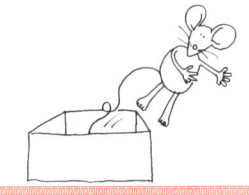

Léim an luch **amach** as an mbosca.

Tá an luch **amuigh** sa ghairdín.

(b) Cuir na focail seo a leanas in ord:
1. sa ghairdín isteach Rith Laoise
2. Liam Shiúil isteach scoil sa
3. istigh chistin Mamaí sa Chonaic mé
4. Máire leaba ina codladh sa istigh Bhí
5. as an cat amach an Rith seomra
6. dochtúir as an gcarr amach Tháinig an
7. Daidí sa pháirc amuigh Chonaic éan
8. fhaca Ní amuigh bó Laoise ghairdín sa

6 Tomhas
Tá fiacla agam ach ní feidir liom ithe. Cé mise?

cíor ghruaige

An Dearcán

Shéid an ghaoth
Aníos an gleann,
Is chroith sí mé
Anonn is anall.

Bhí mé aibí,
Bhí mé ullamh,
Thit mé anuas
Is thit mé go talamh.

Bhí mé traochta,
Bhí mé cortha,
Ghlac mé sos
Is d'imigh na míonna.

Ach tháinig an t-am
Is tháinig mo ré,
Dhúisigh is phéac mé
Is chorraigh mé.

Shín mo ghéaga,
Shín mo fhréamhacha,
D'fhás mo dhuilleoga,
D'fhás mo bhláthanna.

Ach shéid an ghaoth
Aníos an gleann,
Is chroith sí mé
Anonn is anall.

Foclóir: Chroith sí = she shook; ullamh = ready; phéac mé = I sprouted

CEACHT 4

Comhrá beirte/Comhrá baile

Cuir ceist agus freagair

A

1. Cá bhfuil an cat?
2. Cá bhfuil Eoin ag dul?
3. Cá bhfuil an luch ag dul?

dréimire

B

1. Tá an cat **thuas** sa chrann.
2. Tá Eoin **ag dul suas** an dréimire.
3. Tá an luch **ag teacht anuas**.

4. Cá bhfuil an seilide ag dul?
5. Cá bhfuil an coinín?
6. Cá bhfuil an phéist ag dul?

4. Tá an seilide **ag dul síos**.
5. Tá an coinín **thíos** sa pholl.
6. Tá an phéist **ag teacht aníos**.

Sa Bhaile

16   a sé déag

Comhrá: Inis dom faoi phictiúr a haon/a dó srl.
Cé atá ar an staighre?
An bhfuil sé ag bun an staighre?
Céard atá ina láimh aige?

1. Dathaigh an staighre agus an leabhar i ngach pictiúr.

ar bharr an staighre

ráille staighre

thar an ráille staighre

Thit an leabhar as láimh Chiaráin

Ciarán agus an leabhar

Bhí sé a ceathair a chlog. Bhí Ciarán thuas ar bharr an staighre. Bhí leabhar ina láimh aige. Shín sé a lámh thar an ráille staighre. Thosaigh sé ag teacht anuas an staighre.

Bhí Daidí ar an bhfón sa halla. Thit an leabhar as láimh Chiaráin. Thit sé anuas ar cheann Dhaidí.

"Á," arsa Daidí. "Bí cúramach, a Chiaráin."

"Ó, gabh mo leithscéal," arsa Ciarán. "Tá brón orm."

Níor chuir Ciarán leabhar thar an ráille staighre arís.

Foclóir: Shín sé = he stretched; thar = over; cúramach = careful; gabh mo leithscéal = excuse me.

2 Ceisteanna
1 An raibh sé a cúig a chlog?
2 Cá raibh Ciarán?
3 Cár shín Ciarán a lámh?
4 An ndeachaigh Ciarán ar an ráille staighre?
5 Cé a bhí ar an bhfón?
6 An raibh Laoise ar an bhfón?
7 Cár thit an leabhar?

3 (a) Le foghlaim:

INNÉ – H

B**h**ris mé bataí **inné**.

B**h**ris tú bataí **inné**.

B**h**ris sé bataí **inné**.

B**h**ris sí bataí **inné**.

B**h**ris**eamar** bataí **inné**.

B**h**ris sibh bataí **inné**.

B**h**ris siad bataí **inné**.

(b) Scríobh amach an abairt seo a leanas agus lean ort mar atá déanta thuas agus tarraing na pictiúir:
Chuir mé bainne sa mhála inné.

4 (a) Meaitseáil na pictiúir leis na habairtí:

Thosaigh sé ag caoineadh.

Bhí poll mór sa pháirc.

Chuala Daidí é.

Thóg sé Liam aníos as an bpoll.

Chuaigh sé síos an dréimire.

Shleamhnaigh sé isteach sa pholl.

Shiúil Liam go dtí an poll.

Fuair sé dréimire.

Bhí áthas ar Liam ansin.

Chuir sé an dréimire síos sa pholl.

(b) Anois scríobh amach an scéal le do chara. Cuir na habairtí in ord:

Bhí poll mór sa pháirc. Shiúil Liam . . . .

5 Seanfhocal

Is fearr paiste ná poll.

19   a naoi déag

CEACHT 5

Comhrá beirte/Comhrá baile

Cuir ceist agus freagair.

A
1. Ar rith madra i do dhiaidh?
2. Ar rith cat i do dhiaidh?
3. Ar rith tarbh i do dhiaidh?

B
1. Rith madra i mo dhiaidh.
2. Rith cat i mo dhiaidh.
3. Níor rith tarbh i mo dhiaidh.

4. Ar rith tarbh ina dhiaidh?
5. Ar rith sioráf ina dhiaidh?

4. Rith tarbh ina dhiaidh.
5. Níor rith sioráf ina dhiaidh.

6. Ar rith capall ina diaidh?
7. Ar rith leon ina diaidh?

6. Rith capall ina diaidh.
7. Níor rith leon ina diaidh.

> **Comhrá:** Inis dom faoi phictiúr a haon/a dó srl.
> Cá bhfuil an chruinneog? an buidéal?
> Cá bhfuil an múinteoir ag dul?
> Céard atá á dhéanamh ag na páistí?

1. Dathaigh na ballaí, an bord agus an chruinneog.

① beach
② buidéal
③ cruinneog
④ D'eitil sí

Ciarán agus an bheach

Chuala an rang cnag ar an doras. Bhí fear amuigh sa halla. Chuaigh an múinteoir amach. Dhún sí an doras ina diaidh.

Tháinig beach isteach an fhuinneog. Fuair Ciarán leabhar. Rith sé ina diaidh. Tharraing sé buille den leabhar uirthi. Níor bhuail sé í ach bhuail sé buidéal. Thit an buidéal ar an urlár. Níor bhris sé. Chuir Ciarán an buidéal suas ar an mbord arís.

D'eitil an bheach amach an fhuinneog. Bhí ciúnas sa rang nuair a tháinig an múinteoir ar ais.

Foclóir: cnag = knock; ina diaidh = after her; Tharraing sé buille uirthi = he struck her a blow; ciúnas = quietness.

fiche a haon

2 Ceisteanna
1   Cé a bhí amuigh sa halla?
2   Céard a dhún an múinteoir ina diaidh?
3   Céard a tháinig isteach an fhuinneog?
4   Ar bhuail Ciarán an bheach?
5   Céard a bhuail sé?
6   Ar bhris Ciarán an buidéal?
7   Cár chuir Ciarán an buidéal?

3 Éist agus freagair: CD Rian 5

Scríobh an focal 'fíor' nó 'bréagach'.

1   Bhí sé leathuair tar éis a naoi.   _____
2   Bhí Ciara ag dul go dtí an siopa.   _____
3   Bhí mála ar a droim aici.   _____
4   Bhí Róló ag siúl ina diaidh.   _____
5   Rith Róló abhaile.   _____
6   Rith Ciara isteach sa scoil.   _____

4 Tomhas
Tá muineál orm ach níl aon chluasa ná aghaidh orm. Cé mise?

buidéal

22   fiche a dó

5 (a) Le foghlaim:

INNÉ – H

Cheannaigh mé milseáin **inné**.

Cheannaigh tú milseáin **inné**.

Cheannaigh sé milseáin **inné**.

Cheannaigh sí milseáin **inné**.

Cheann**aíomar** milseáin **inné**.

Cheannaigh sibh milseáin **inné**.

Cheannaigh siad milseáin **inné**.

(b) Scríobh amach an abairt seo a leanas agus lean ort mar atá déanta thuas agus tarraing na pictiúir.

Bhrostaigh mé ar scoil inné.

6 (a) Le foghlaim:

Rith madra i **mo** dhiaidh.

Rith madra i **do** dhiaidh.

Rith madra **ina** d**h**iaidh.

Rith madra **ina** diaidh.

(b) Scríobh amach an abairt seo a leanas agus lean ort mar atá déanta thuas agus tarraing na pictiúir.

Bhí mé i mo chodladh.

Bhí tú i ___ _____.

Bhí sé ina _____ .   Bhí sí ina _____ .

CEACHT 6
(Dul Siar)

ag cur báistí

Bhí an doras ar oscailt

Na peataí CD Rian 6

Bhí Mamaí ag féachaint amach an fhuinneog. Bhí scamaill sa spéir. Thosaigh sé ag cur báistí. Chonaic sí an cat, Stocaí, ag siúl ar an mbóthar. Ansin chonaic sí Reics. Thosaigh Stocaí ag rith. Chonaic Reics é agus thosaigh sé ag rith ina dhiaidh. Bhí locháin uisce ar an mbóthar. Bhí Stocaí agus Reics fliuch báite nuair a tháinig siad go dtí an teach. Bhí an doras ar oscailt.

"Dún an doras!" arsa Mamaí le Ciarán.

Bhí Ciarán ag féachaint ar an teilifís. Shiúil sé go dtí an doras ach ní raibh sé in am. Rith Reics agus Stocaí isteach sa halla agus suas an staighre.

"Ó, ní raibh mé in am," arsa Ciarán. "Rith Reics agus Stocaí suas an staighre."

gallúnach

Chuaigh Mamaí agus Ciarán suas an staighre agus isteach sa seomra folctha. Bhí Reics agus Stocaí istigh ann. Bhí gallúnach ag Reics.

"An bhfuil cead agam mé féin a ní?" arsa Reics. "Tá mo lapaí salach."

"Tá cead agat cinnte," arsa Mamaí.

"Tá mo cheann fliuch báite," arsa Stocaí. "An féidir liom an tuáille a fháil?"

"Is féidir leat," arsa Ciarán.

Thóg Stocaí an tuáille agus thriomaigh sé a cheann.

"Ó!" arsa Reics, "Triomóimid an t-urlár freisin."

"Bhuel, bhuel," arsa Mamaí agus í ag teacht anuas an staighre, "nach bhfuil peataí maithe againn?"

teirmiméadar

Dráma – Tá Ciara tinn CD Rian 7

Ciara: A Mhamaí, tá mé an-tinn.

Mamaí: An bhfuil, a ghrá? Tógfaidh mé do theocht.

Ciara: Ní maith liom an teirmiméadar i mo bhéal.

Mamaí: Oscail do bhéal anois agus ná bí ag caint.

Ciara: Ó – Ó – Ó – Á – Á – Á – mn – mn – mn.

Mamaí: Níl do theocht ró-ard. Is féidir leat deoch the a ól.

Ciara: Go raibh maith agat, a Mhamaí. An féidir liom féachaint ar an teilifís?

Mamaí: Is féidir leat, ach ná tar amach as an leaba.

Ciara: Go raibh maith agat, a Mhamaí. Slán.

CD Rian 8
Áthas

Léim mo chroí le háthas
Nuair a shiúil m'aintín im' threo;
"Seo dhuit do bhronntanas," ar sí,
"Tabhair gean agus aire dó."

Leath mo shúile orm
Nuair a d'oscail mé an bosca,
Céard a bhí istigh ann
Ach peata beag madra!

Chas sé a cheann
Agus d'fhéach sé orm;
Bhí loinnir ina shúile,
'gus léim mo chroí ionam.

1 (a)

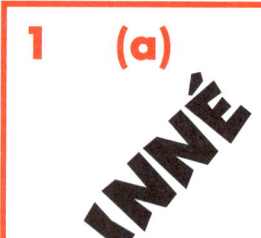

INNÉ — *INNÉ*

"Ná déan dearmad"

Dhún mé	Bhris mé	Cheannaigh mé
Dhún tú	Bhris tú	Cheannaigh tú
Dhún sé	Bhris sé	Cheannaigh sé
Dhún sí	Bhris sí	Cheannaigh sí
Dhúnamar	Bhriseamar	Cheannaíomar
Dhún sibh	Bhris sibh	Cheannaigh sibh
Dhún siad	Bhris siad	Cheannaigh siad

1 **Ar** dhún tú an doras?
2 **Ar** bhris tú an ghloine?
3 **Ar** cheannaigh tú im?

1 **Níor** dhún mé an doras.
2 **Níor** bhris mé an ghloine.
3 **Níor** cheannaigh mé im.

(b) Líon isteach na bearnaí:

1 (Glan)_____ mé an seomra inné.

2 (Bris)_____ sé a chos inné.

3 (Ceannaigh)_____ sí cóta inné.

4 (Tosaigh)_____ Áine ag rith inné.

5 (Dún: sinn)_____ an fhuinneog inné.

6 (Ní: cuir)_____ mé arán ar an mbord.

CEACHT 7

Comhrá beirte/Comhrá baile

Cuir ceist ar do chara.

A

1. An bhfuil a fhios agat cá bhfuil mé?
2. An bhfuil a fhios agat cá bhfuil do mhála?
3. An bhfuil a fhios agat cá bhfuil mo mhadra?

B

1. Tá a fhios agam.
2. Tá a fhios agam.
3. Níl a fhios agam.

4. Cad tá agat i do láimh?
5. Cad tá agat i do láimh?
6. Cad tá agat i do láimh?
7. Cad tá agat i do láimh?

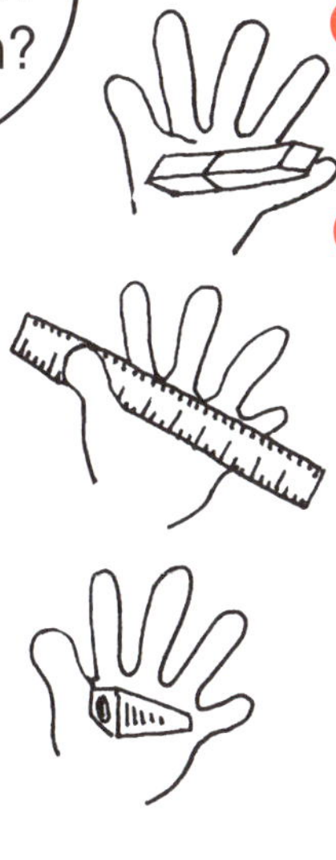

4. Tá scriosán agam i mo láimh.
5. Tá rialóir agam i mo láimh.
6. Tá bioróir agam i mo láimh.
7. Tá cruinneog agam i mo láimh.

Comhrá: Inis dom faoi na pictiúir. Cad tá ar Chiarán?
Cad tá ina láimh ag Laoise?/ag Ciara?
Cad a fuair na páistí?
Cad tá ar an mbord? Cén t-am é? srl.

1 **Dathaigh an taibhse, na balúin agus an bord.**

1 braillín
2 scuab
3 taibhse
4 oráistí
5 úlla
6 euro
7 balúin
8 bairín breac
9 cnónna

Oíche Shamhna

Oíche Shamhna a bhí ann. Chuir Ciarán braillín thar a cheann. Rinne sé dhá pholl do na súile. Bhí sé cosúil le taibhse. Chuir Laoise hata dubh uirthi. Thóg Ciara an cat bán ina lámha.

Shiúil siad ó theach go teach. Bhain siad geit as cúpla duine. Fuair siad cnónna, úlla, oráistí agus cúpla euro. Bhí féasta mór acu. Bhí áthas an domhain orthu an oíche sin.

Foclóir: cosúil le = like; bhain siad geit as cúpla duine = they frightened a few people; áthas an domhain = very happy.

2 Ceisteanna
1. Cad a chuir Ciarán thar a cheann?
2. Cad a rinne sé sa bhraillín?
3. Cad a chuir Laoise ar a ceann?
4. Cad a thóg Ciara ina lámha?
5. Cár shiúil na páistí?
6. Cad a fuair siad?
7. Ar thaitin an féasta leo?

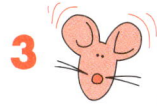

3 Éist agus scríobh an focal 'fíor' nó bréagach'.
CD Rian 9

4 (a) Le foghlaim:

orm (mé)
ort (tú)
air (sé)
uirthi (sí)
orainn (sinn)
oraibh (sibh)
orthu (siad)

Tá áthas

31 tríocha a haon

(b) Líon na bearnaí:

1   Fuair Liam an fáinne. Bhí áthas (sé)_____ .

2   "An bhfuil tart (tú)_____ ?" arsa Daidí liom.

3   Chuir Ciara a buataisí (sí)_____ mar bhí sé ag cur báistí.

4   D'ith Seán agus Eoin bananaí mar bhí ocras (siad) _____.

5   "Tá brón (sinn) _____ ," arsa Seán agus Ciara.

6   Bhí fearg an domhain (mé) _____ nuair a bhris Eoin mo chlár scátála.

5 Seanfhocal
Nuair a bhíonn an cat amuigh bíonn na lucha ag rince.

6 Tomhas
Bím amuigh gach oíche ach fanaim i mo theach i gcónaí. Cé mise?

seilide

CEACHT 8

Comhrá beirte/Comhrá baile

Cuir ceist ar do chara.

(a)

(b)

A ① Cad tá ag barr an tseomra?

B ① (a) Tá cruinneog ag barr an tseomra.
(b) Tá ríomhaire ag barr an tseomra.

② Cad tá ag bun an tseomra?

uisceadán

(a)

(b)

② (a) Tá bosca bruscair ag bun an tseomra.
(b) Tá uisceadán ag bun an tseomra.

33 tríocha a trí

Comhrá: Inis dom faoi phictiúr a haon/a dó/srl.
Cá bhfuil na páistí ag dul?
An bhfuil siad ag dul ar scoil?
Cén t-am é? Cá bhfuil an préachán?
Cé eile atá sa chlós srl.

1. Dathaigh an scoil, an féar agus an bindealán.

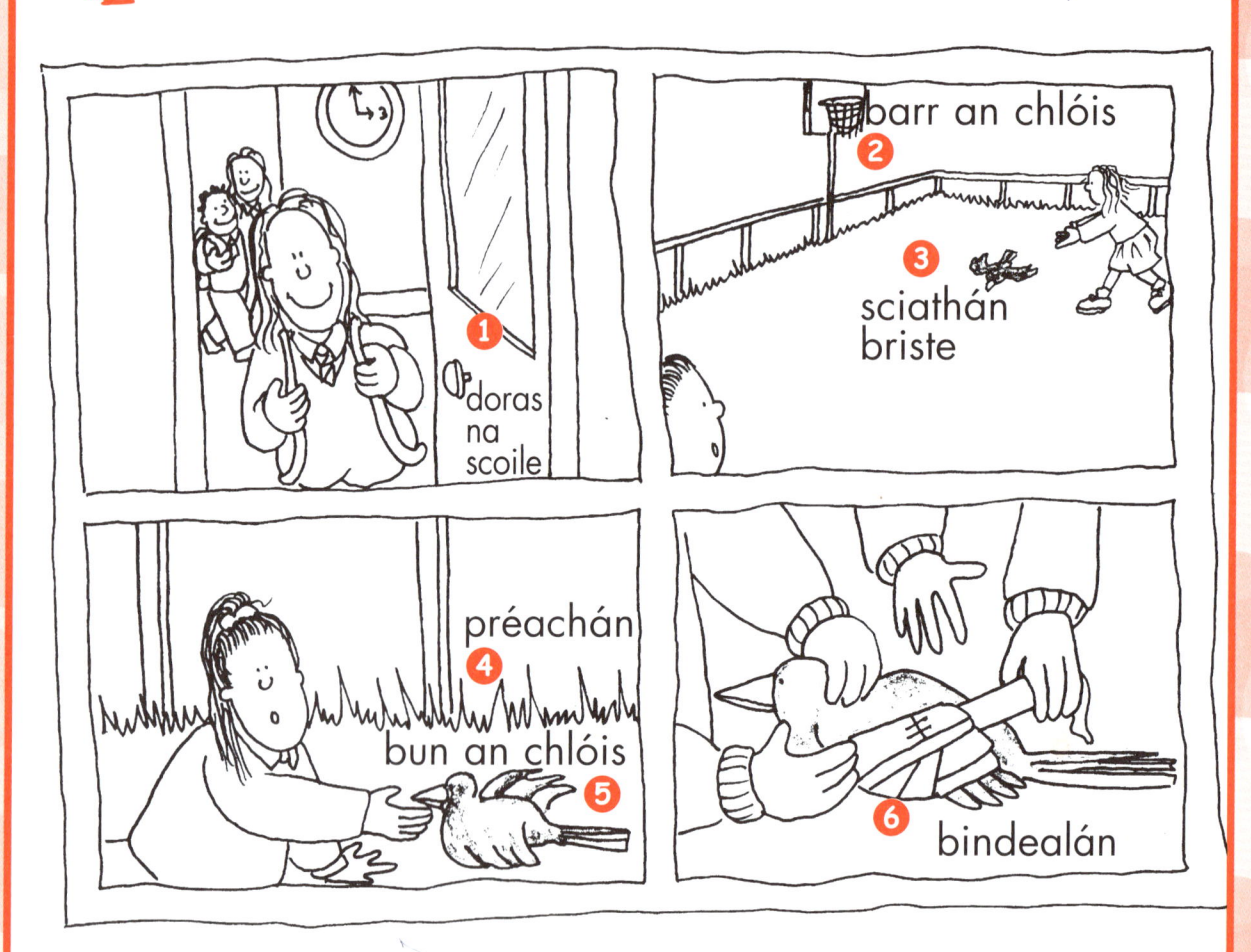

① doras na scoile
② barr an chlóis
③ sciathán briste
④ préachán
⑤ bun an chlóis
⑥ bindealán

Laoise agus an préachán

Shiúil Laoise amach doras na scoile. Chonaic sí préachán ag barr an chlóis. Bhí a sciathán briste. Shiúil Laoise go barr an chlóis. Rith an préachán go bun an chlóis.

Rug a cara, Ciara, ar an bpréachán anseo. Thóg siad an préachán abhaile. Chuir siad bindealán ar a sciathán. Tar éis cúpla lá, bhí biseach ar an sciathán. D'eitil sé abhaile ansin. Bhí áthas an domhain ar Laoise agus ar Chiara.

Foclóir: Tar éis cúpla lá = after a couple of days.

2 Ceisteanna

1. Cár shiúil Laoise?
2. Cá raibh an préachán?
3. Cad a bhí briste?
4. Cár rith an préachán?
5. Cé a rug ar an bpréachán?
6. Cad a chuir Ciara agus Laoise ar a sciathán?
7. Cár eitil an préachán?

3 Féach ar an bpictiúr agus scríobh an focal 'ceart' nó 'mícheart' i ndiaidh na n-abairtí:

1. Tá éan ag barr an phictiúir. _____
2. Tá dréimire ag bun an phictiúir. _____
3. Tá mála ag bun an phictiúir. _____
4. Tá nuachtán ag bun an phictiúir. _____
5. Tá ríomhaire ag bun an phictiúir. _____
6. Tá seampú ag barr an phictiúir. _____
7. Tá beach ag barr an phictiúir. _____
8. Tá cruinneog ag bun an phictiúir. _____
9. Tá buidéal ag barr an phictiúir. _____

4 (a) Le foghlaim:

a) brón an domhain
b) fearg an domhain
c) eagla an domhain
d) tuirse an domhain
e) tart an domhain
f) áthas an domhain

(b) Líon isteach na bearnaí:

1 Bhí _____ __ _____ ar Mhamaí nuair a bhris Reics an cupán.

2 Bhí _____ __ _____ ar Eoin nuair a chonaic sé tarbh sa phárc.

3 Bhí _____ __ _____ ar Íde nuair a fuair sí clár scátála.

4 Bhí an lá an-te agus bhí _____ ___ _____ ar Nóra.

5 Bhí _____ ___ _____ ar Dhaidí mar bhí sé ag obair sa ghairdín.

6 Bhí _____ ___ _____ ar Chiarán nuair a fuair Eoin an fáinne sa bhairín breac.

5 (a) Tomhas
Fanaim sa chúinne agus téim timpeall an domhain. Cé mise?

(b) Rabhlóg
Rug Liam Rua ar luch ramhar liath.

(a) stampa

36   tríocha a sé

Arsa an tUlchabhán

Bhí an t-ulchabhán ag múineadh
Istigh sa halla,
Bhí na héin ag éisteacht
Ag léamh is ag faire.

"Éirígí anois!
Is canaigí amhrán;
Canaigí go binn,"
Arsa an t-ulchabhán.

D'éirigh na héin
Is chan siad fonn deas,
Chan siad go ceolmhar
Is chan siad le meas.

"Suígí anois!
Is suígí ar shuíochán;
Suígí go ciúin,"
Arsa an t-ulchabhán.

37 tríocha a seacht

CEACHT 9

Comhrá beirte/Comhrá baile

Cuir ceist ar do chara.

A
1. An maith leat ceapaire cáise?
2. An maith leat ceapaire sicín?
3. An maith leat ceapaire liamháis?

B
1. Is maith liom ceapaire cáise.
2. Is maith liom ceapaire sicín.
3. Ní maith liom ceapaire liamháis.

cáis

sicín

liamhás

4. An féidir leat ceapaire cáise a dhéanamh?
5. An féidir leat ceapaire sicín a dhéanamh?
6. An féidir leat ceapaire eilifinte a dhéanamh?

4. Is féidir liom.
5. Is féidir liom.
6. Ní féidir liom.

Comhrá: Inis dom faoi phictiúir a haon/a dó/a trí srl.
Céard atá ag Laoise?/ar an mbord?
Cá bhfuil na píosaí cáise?/an bosca ime? srl.
Cén t-am é? An bhfuil an solas ar lasadh?

1. Dathaigh an t-arán, an bord agus an mála scoile.

- builín aráin ❶
- scian aráin ❷
- dhá phíosa aráin ❸
- solas ❹
- Leath sí ❺
- bosca ime ❻
- dhá phíosa cáise ❼
- píosaí cáise ❽
- mála scoile ❾
- bosca lóin ❿
- clúdach ⓫

Rinne Laoise ceapaire cáise

Rinne Laoise ceapaire cáise ar maidin. Fuair sí dhá phíosa aráin. Leath sí im ar phíosa amháin ar dtús. Ansin leath sí im ar an dara píosa. Fuair sí dhá phíosa cáise. Leag sí iad ar phíosa aráin amháin. Ansin chuir sí an dara píosa aráin anuas ar na píosaí cáise.

   Bhí an ceapaire déanta ag Laoise ansin. Chuir sí é sa bhosca lóin. Bhí bród an domhain uirthi.

Foclóir: Leath sí im = she spread butter; dara = second; Bhí bród an domhain uirthi = she was very proud.

2 Ceisteanna
1 Cé a rinne an ceapaire cáise?
2 Céard a fuair Laoise?
3 Céard a leath sí ar phíosa aráin?
4 Cé mhéad píosa cáise a fuair sí?
5 Cár chuir sí na píosaí cáise?
6 Cár chuir sí an ceapaire?
7 Cén t-am é?

3 Faigh do chóipleabhar agus éist.   CD Rian 11

4 (a) Le foghlaim:

Tá sé ceathrú chun a deich.

Tá sé ceathrú tar éis a deich.

a haon	a ceathair	a seacht	a deich
a dó	a cúig	a hocht	a haon déag
a trí	a sé	a naoi	a dó dhéag

(b) Cén t-am é? Scríobh na freagraí i do chóipleabhar.

1 13:15
2 18:45
3 23:15
4 17:15
5 14:15
6 19:45
7 15:45
8 00:15

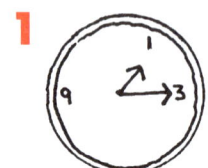

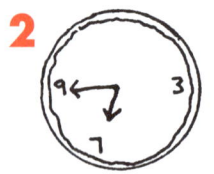

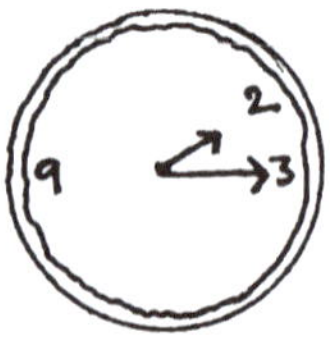

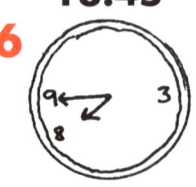

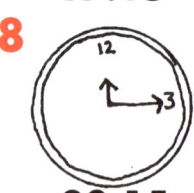

5 **Rinne Eoin ceapaire turcaí.**
(a) Meaitseáil na pictiúir leis na habairtí:

Fuair sé píosaí turcaí ansin.

Leag sé píosa turcaí ar phíosa aráin.

Leath sé im ar an dá phíosa.

Fuair Eoin dhá phíosa aráin.

Dhún sé an bosca lóin ansin.

Leag sé an píosa eile aráin anuas air.

Chuir sé an ceapaire sa bhosca lóin.

(b) Anois scríobh amach na habairtí san ord ceart.

6 Seanfhocal
Bíonn blas ar an mbeagán.

daichead a haon

CEACHT 10

Bia

Comhrá beirte/Comhrá baile

Cuir na ceisteanna seo ar do chara.

A

1. An maith leat ubh?
2. An maith leat subh?
3. An maith leat burgar?

B

1. Is maith liom ubh.
2. Is maith liom subh.
3. Ní maith liom burgar.

4. Ní féidir leat cupán tae a dhéanamh!
5. Ní féidir leat ceapaire a dhéanamh!
6. Ní féidir leat cáca a dhéanamh!

4. Is féidir liom.
5. Is féidir liom.
6. Ní féidir liom. Tá an ceart agat.

42 daichead a dó

Comhrá: Inis dom faoi na pictiúir.
Céard atá ar an mbord oibre?
Céard atá i do láimh agat?
Céard atá ar an bhfuinneog?
Céard atá sa spéir?
Cén t-am é?

1. Dathaigh na cuirtíní, an sorn agus an ubh.

gealach
bosca uibheacha
plátaí
sorn
sáspan
D'ardaigh mé
D'ísligh mé
Thaitin sí go mór liom

Bheirigh mé ubh aréir

Bheirigh mé ubh aréir. Ar dtús fuair mé sáspan. Chuir mé uisce isteach ann. Chuir mé ubh isteach san uisce. Ansin chuir mé an sáspan ar an sorn.

D'ardaigh mé an teas. Tar éis tamaill thosaigh an t-uisce ag beiriú. D'ísligh mé an teas. Tar éis tamaill, bhí an ubh ullamh. Mhúch mé an teas. D'ith mé an ubh ansin agus thaitin sí go mór liom.

Foclóir: Bheirigh mé = I boiled; aréir = last night; teas = heat; ag beiriú = boiling; ullamh = ready.

2   Ceisteanna
1   Céard a bheirigh tú aréir?
2   Céard a fuair tú ar dtús?
3   Ar chuir tú bainne isteach ann?
4   Cár chuir tú an sáspan?
5   Céard a d'ardaigh tú?
6   Céard a rinne tú nuair a bhí an t-uisce ag beiriú?
7   Céard a rinne tú nuair a bhí an ubh ullamh?

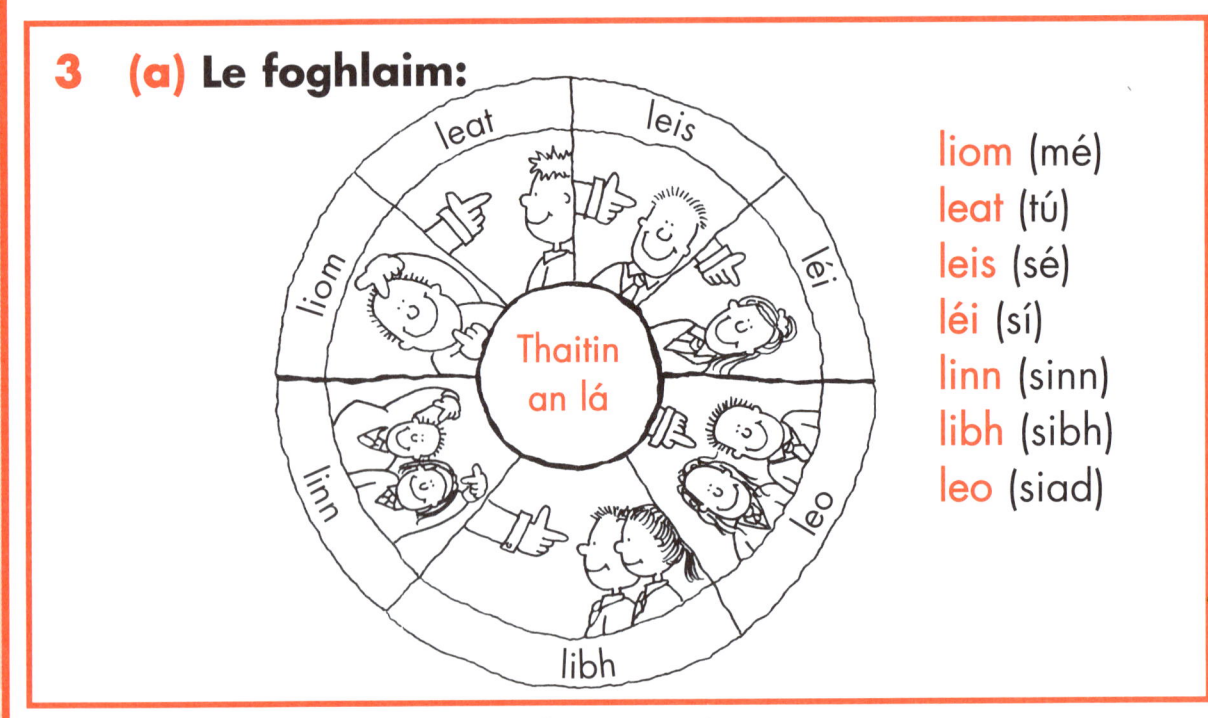

3   (a) Le foghlaim:

leat   leis
liom   léi
linn   leo
libh

Thaitin an lá

liom (mé)
leat (tú)
leis (sé)
léi (sí)
linn (sinn)
libh (sibh)
leo (siad)

(b) Líon isteach na bearnaí:
1   Ar thaitin an bricfeasta (tú) _____?
2   An féidir (mé) _____ ceapaire a dhéanamh?
3   Ní maith (sé) _____ ceapaire liamháis.
4   Ní féidir (sí) _____ ceapaire eilifinte a dhéanamh.
5   An maith (sibh) _____ subh?
6   Ní féidir (siad) _____ dréimire a dhéanamh.
7   Thaitin na calóga arbhair (mé) _____ .
8   Ar thaitin na piollairí (tú) _____ ?

4   Aimsigh cúig dhifríocht:

I bpictiúr A tá _____

5   (a) Le foghlaim:

teas   prátaí   uisce/an t-uisce

(b) Scríobh an scéal: Bheirigh Eoin na prátaí

Fuair Eoin 🥄 _____ . Bhí sé 🕐 _____ _____

__ ____ . Chuir sé 🚰 _____ isteach sa 🥄 _____.

Fuair sé 🥔 _____. Nigh sé na 🥔 _____.

Chuir sé na prátaí isteach sa 🥄 _____. Chuir sé an

sáspan ar an 🔥 _____. D'ardaigh sé an 🔥 _____.

Nuair a bhí an 🚰 _____ ag beiriú d'ísligh sé an

teas. Bhí sé a 🕐 _____ __ _____ ansin. Bhí na prátaí

ullamh ar 🕐 _____ ____ ____ __ ____ .

6   Rabhlóg
Dhoirt Peadar piobar ar phrátaí sa phláta.

Donncha Rua

CD Rian 12

A chircín! a chircín!
Ardaigh do cheann;
Féach ar do chlé,
Nach é atá ann?

A chircín! A chircín!
Cuir cluas ort féin;
Ná bac leis an min
Is ná cuir orm scéin.

Ochón! Ochón!
Lean tú den ithe
Léim sé, is mharaigh sé -
Níor fhág sé ach cleite.

CEACHT 11
(Dul Siar)

Ricí agus Licí   CD Rian 13

Bhí Ricí agus Licí sa pholl. Bhí an poll ag bun an tseomra. Bhí na lucha ag féachaint ar na páistí ag léamh. Chonaic siad an múinteoir ag scríobh ar an gclár dubh.

Ansin thosaigh Licí ag caoineadh.

"Cén fáth a bhfuil tú ag caoineadh?" arsa Ricí.

"Tá ocras an domhain orm," arsa Licí. "Níor ith mé na calóga arbhair ar maidin."

"Cén fáth nár ith tú iad?" arsa Ricí.

"Bhuel," arsa Licí. "Is fearr liom cáis ná calóga arbhair."

Chuir siad an dréimire i gcoinne an bhosca bruscair.

"Ó, féach," arsa Ricí. "Tá Ciara ag ithe ceapaire cáise."

D'fhéach Licí amach agus chonaic sí an ceapaire cáise i láimh Chiara. Ansin shiúil Ciara go dtí an bosca bruscair agus chaith sí an ceapaire isteach ann.

D'fhág na páistí an scoil ar a trí a chlog. Thóg Ricí agus Licí dreimire amach as an bpoll. Thóg siad an dréimire go dtí an bosca bruscair. Chuaigh Licí suas an dréimire agus léim sí isteach sa bhosca bruscair. D'ith sí an ceapaire cáise. Thosaigh sí ag caoineadh arís. Chuala Ricí í.

"Cén fáth a bhfuil tú ag caoineadh anois?" arsa Ricí.

"Ní féidir liom teacht amach," arsa Licí.

Shiúil Ricí suas ar an dréimire. Nuair a bhí sé ag barr an dréimire d'fhéach sé isteach sa bhosca bruscair. Chonaic sé cannaí líomanáide agus cannaí oráiste istigh ann.

"Déan dréimire leis na cannaí," arsa Ricí.

Rinne Licí dréimire leis na cannaí. Tháinig sí amach as an mbosca bruscair.

Thóg Ricí agus Licí an dréimire isteach sa pholl arís. Bhí tuirse an domhain orthu.

"Ith do chalóga arbhair as seo amach," arsa Ricí.

"Ó, íosfaidh mé cinnte," arsa Licí agus í ag gáire.

Foclóir: d'fhéach sé = he looked; íosfaidh mé = I will eat

Dráma – Bhris Ciarán a lámh CD Rian 14

Múinteoir: Cad a tharla duit, a Chiaráin?

Ciarán: Bhí mé ag cur leabhar ar bharr an chófra. Sheas mé ar chathaoir agus thit mé di agus bhris mé mo lámh.

Múinteoir: An raibh Mamaí sa teach?

Ciarán: Bhí sí agus thóg sí mé go dtí an t-ospidéal.

Múinteoir: Cad a rinne an dochtúir?

Ciarán: Chuir sé plástar Pháras uirthi.

Múinteoir: An bhfuil sí tinn anois?

Ciarán: Níl, buíochas le Dia.

Múinteoir: Is féidir leat leabhar ón leabharlann a léamh inniu.

1 (a) Líon na bearnaí:

Ná déan dearmad

Tá fearg orm

	(mé)
orm	(mé)
ort	(tú)
air	(sé)
uirthi	(sí)
orainn	(sinn)
oraibh	(sibh)
orthu	(siad)

1 Bhí áthas (siad) _____ .
2 Níl tart (sí) _____ .
3 An bhfuil fearg (sibh) _____ ?
4 Cuir do chóta (tú) _____.
5 Ní raibh eagla (sé) ____.
6 Níl tuirse (sinn) _____.
7 Bhí brón (mé) _____ inné.

(b) Líon na bearnaí:

Is féidir liom rith

liom	(mé)
leat	(tú)
leis	(sé)
léi	(sí)
linn	(sinn)
libh	(sibh)
leo	(siad)

1 An féidir (tú) _____ canadh?
2 Ní maith (sé) _____ liamhás.
3 Níor thaitin an cóc (siad) _____.
4 An féidir (sí) _____ ubh a bheiriú?
5 Ar thaitin an bainne (sibh) _____?
6 Ní maith (sinn) _____ cóc.
7 Is féidir (mé) _____ scipéail.

2 Crosfhocal:

Trasna
5 An maith (tú)____ oráiste?
6 Chonaic mé Áine ag b____ an chlós.
7 Scríobh mé an scéal le p____.
8 Léim an luch isteach __ mála.
10 Bhí b____ orm nuair a fuair Ciara na balúin.
11 Chuir Mamaí a b____ uirthi.
13 Tá sé a deich a ____.

Anuas
1 Ní maith liom _____ cáise.
2 Bhí á____ ar Chiarán nuair a thug Daidí cat dó.
3 Tá na cupáin ___ chófra.
4 Chuir an múinteoir cr____ ar an tseilf.
6 Tá leabharlann ag ____ an tseomra.
9 "Cuir do chóta (tú)____ anois," arsa Mamaí le Liam.
12 Shiúil Ciara __ dtí an t-uisceadán inné.

3 Ciorclaigh na focail

- ubh
- oráiste
- subh
- líomanáid
- prátaí
- cáca
- bainne
- arán
- cáis
- liamhás
- ceapaire
- sicín

d	f	t	a	s	e	r	t	p	s	u	b	h
e	c	á	c	a	d	i	b	r	o	h	á	b
s	i	g	é	f	l	i	a	m	h	á	s	p
a	é	b	t	n	f	r	m	o	n	f	n	d
c	á	i	s	u	s	o	r	á	i	s	t	e
r	t	g	f	c	n	e	g	t	o	t	g	m
p	ú	m	p	r	á	t	a	í	g	b	c	r
c	s	é	f	s	e	b	m	d	s	r	e	p
f	b	a	i	n	n	e	f	s	i	c	í	n
u	l	r	d	f	t	í	r	t	p	h	c	g
e	h	p	r	l	í	o	m	a	n	á	i	d
a	r	á	n	a	ó	r	i	h	é	f	g	s
t	l	s	c	m	s	l	n	f	ú	t	á	m
i	u	b	h	n	c	e	a	p	a	i	r	e

CEACHT 12

An Teilifís

Comhrá beirte/Comhrá baile

Cuir na ceisteanna seo ar do chara.

A

1. An bhfuil cead agam féachaint ar na cartúin?
2. An bhfuil cead agam féachaint ar an scannán?
3. An bhfuil cead agam féachaint ar an gclár spóirt?

B

1. Tá cead agat.
2. Níl cead agat.
3. Tá cead agat.

RTÉ 1	
4.00	Cartúin
4.15	Scannán
6.00	Nuacht
6.30	Gallúnra
7.30	Clár spóirt
8.00	Clár dúlra

4. Cén t-am a thosaíonn na cartúin?
5. Cén t-am a thosaíonn an scannán?
6. Cén t-am a thosaíonn an clár spóirt?

4. Tosaíonn siad ar a ceathair a chlog.
5. Tosaíonn sé ar ceathrú tar éis a ceathair.
6. Tosaíonn sé ar leathuair tar éis a seacht.

53 caoga a trí

Comhrá: Inis dom faoi phictiúr a haon/a dó srl.
Céard atá sa chistin?/ar an mballa?/
ar an bhfuinneog?
Céard atá ar an mbord?/
ar an matal?/ar an ruga?
Cá bhfuil na leabhair? srl.

1. Dathaigh na cófraí, an leabhragán agus na leabhair.

① meaisín níocháin
② cófraí
③ leabhragán
④ matal
⑤ cathaoir uilleann
⑥ radaitheoir
⑦ tolg

An teilifís

Siúlaim isteach an doras ar a trí a chlog gach tráthnóna. Tosaím ag déanamh mo cheachtanna. Cuirim an teilifís ar siúl ar a ceathair a chlog.

Féachaim ar na cartúin. Is breá liom na cartúin. Féachann Mamaí agus Daidí ar an nuacht.

Is fearr liom na cartúin ná an nuacht. Is maith liom an clár spóirt. Ó! Is breá liom an teilifís.

Foclóir: Siúlaim = I walk; tosaím = I begin; Féachaim = I look.

2 Ceisteanna

1. Cén t-am a shiúlann tú isteach an doras?
2. Céard a dhéanann tú ansin?
3. Cén t-am a chuireann tú an teilifís ar siúl?
4. An maith leat na cartúin?
5. Cé a fhéachann ar an nuacht?
6. An maith leat an clár spóirt?
7. An fuath leat an teilifís?

3 (a) Meaitseáil na pictiúir leis na cláir.

TG4	
4.00	Scannán
5.15	Cartún
5.30	Clár dúlra
6.00	Nuacht
6.30	Gallúnra
7.00	Clár spóirt

(b) Scríobh an focal 'fíor' nó 'bréagach'.

1. Tosaíonn na cartúin ar ceathrú tar éis a sé. _____
2. Críochnaíonn an gallúnra ar a sé a chlog. _____
3. Tosaíonn an scannán ar a cúig a chlog. _____
4. Críochnaíonn an nuacht ar leathuair tar éis a sé. _____
5. Críochnaíonn an clár dúlra ar a sé a chlog. _____
6. Tosaíonn an clár spóirt ar a hocht a chlog. _____

4 (a) Le foghlaim:

GACH LÁ

Dún**aim** an doras **gach lá**.

Dún**ann** tú an doras **gach lá**.

Dún**ann** sé an doras **gach lá**.

Dún**ann** sí an doras **gach lá**.

Dún**aimid** an doras **gach lá**.

Dún**ann** sibh an doras **gach lá**.

Dún**ann** siad an doras **gach lá**.

(b) Scríobh amach an abairt seo a leanas agus lean ort mar atá déanta thuas agus tarraing na pictiúir:

Glanaim na plátaí gach lá.

5 (a) Tomhas

Céard a dhúnann tú agus a osclaíonn tú gach nóiméad sa lá?

(b) Rabhlóg

Ní fhaca deartháir Laoise clár dúlra riamh.

do bhéal

CEACHT 13

An Teilifís

Comhrá beirte/Comhrá baile

Cuir na ceisteanna seo ar do chara.

A

1. Cén clár is maith leat?

2. Cén clár nach maith leat?

3. Cá bhfuil an cianrialtán?

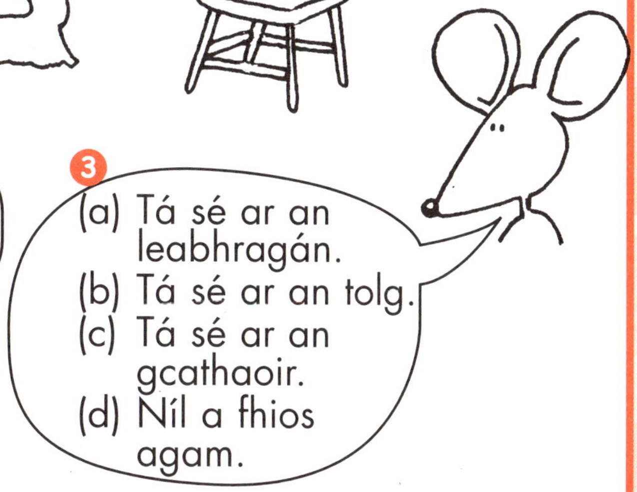

B

1.
   (a) Is maith liom na cartúin.
   (b) Is maith liom clár spóirt.

2.
   (a) Ní maith liom an nuacht.
   (b) Ní maith liom clár comhrá.

3.
   (a) Tá sé ar an leabhragán.
   (b) Tá sé ar an tolg.
   (c) Tá sé ar an gcathaoir.
   (d) Níl a fhios agam.

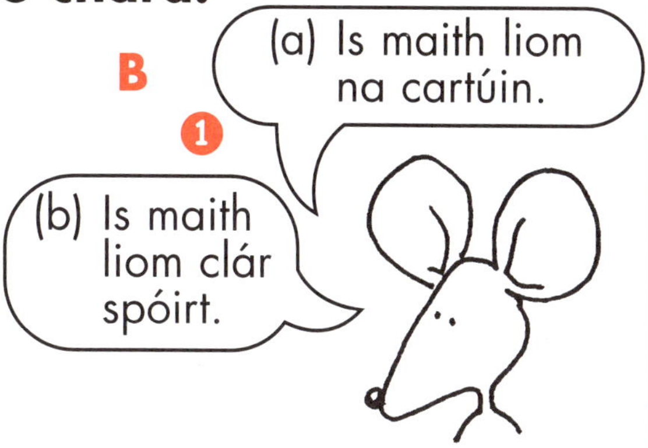

Comhrá: Inis dom faoi phictiúr a haon/a dó srl.
Cén t-am é i bpictiúr a haon?/a dó?
Cé atá ag léamh an nuachtáin?
Cé atá ina chodladh?
An bhfuil cluiche sacair ar an teilifís?

1. Dathaigh an teilifíseán, an chathaoir uilleann agus an tolg.

Gach Aoine

Bíonn clár comhrá ar siúl gach Aoine. Faigheann Daidí an cianrialtán. Cuireann sé an teilifís ar siúl. Ardaíonn sé an fhuaim. Tá Daidí beagáinín bodhar, tá a fhios agat.

   Tar éis tamaill, téann sé a chodladh. Tógaim an cianrialtán. Cuirim clár eile ar siúl. Íslím an fhuaim. Féachaim ar chlár spóirt. Is fearr liomsa an clár spóirt ná an clár comhrá.

Foclóir: Faigheann Daidí = Daddy gets; Ardaíonn sé an fhuaim = he raises the sound; beagáinín bodhar = a little deaf; Íslím = I lower; Is fearr liom = I prefer.

2 Ceisteanna
1 Cathain a bhíonn clár comhrá ar siúl?
2 Cé a chuireann an teilifís ar siúl?
3 Cad a ardaíonn sé?
4 Cad a tharlaíonn tar éis tamaill?
5 Cad a dhéanann tusa?
6 Cad a chuireann tú ar siúl?

3 Tarraing an pictiúr seo i do chóipleabhar agus éist. CD Rian 15

4 (a) Le foghlaim:

1 Tá sé an-bhodhar	2 Tá sí an-óg	3 Tá sé an-aosta
4 Tá sé an-fhuar	5 Tá sí an-chliste	6 Tá sé an-mhisniúil

59   caoga a naoi

(b) Líon isteach na bearnaí:

1 D'ardaigh Daideo an fhuaim mar bhí sé ___ _____.

2 Chuir Mamaí a cóta mór uirthi mar bhí an lá ___ _____.

3 Bhí na ceisteanna go léir ceart ag Eoin mar tá sé ___ _____.

4 Chonaic Nóra madra fíochmhar ach níor rith sí. Bhí Nóra ___ _____.

5 Tá Cathal aon bhliain amháin. Tá sé ___ _____.

6 Tá Mamó sa leaba. Tá sí ___ _____.

5 (a) Le foghlaim:

GACH LÁ

Cuir**im** lón sa mhála **gach lá**.

Cuir**eann** tú lón sa mhála **gach lá**.

Cuir**eann** sé lón sa mhála **gach lá**.

Cuir**eann** sí lón sa mhála **gach lá**.

Cuir**imid** lón sa mhála **gach lá**.

Cuir**eann** sibh lón sa mhála **gach lá**.

Cuir**eann** siad lón sa mhála **gach lá**.

(b) Scríobh amach an abairt seo a leanas agus lean ort mar atá déanta thuas agus tarraing na pictiúir.

Rithim abhaile gach lá.

An Teilifís

CD Rian 16

Chonaic mé pictiúr
Ar an teilifís inné.
Bhain sé geit asam
Scannán uafáis ba ea é.

Ní raibh éinne sa teach
Ach an cat is mé féin;
D'fhéach mé ar na cláir
Is d'athraigh mé an cainéal.

Léim mo chroí le h-áthas
Mar bhí air cartúin,
Rith mo chat chugam
Is shuigh ar mo ghlúin.

Thosaíomar ag gáire
Os ard is go haerach;
Níorbh fhéidir linn stad
Den ghleo is den scréachach.

Is breá liom an cartún
Is taitníonn sé liom;
Féachaim air gach oíche
Nuair a bhíonn am agam.

CEACHT 14

Comhrá beirte/Comhrá baile

Beannaigh do do chara agus cuir ceist air.

A

B

① Nollaig shona duit!

① Agus Nollaig shona duit féin!

② An dtugann Daidí na Nollag bronntanais duit gach Nollaig?
③ An dtugann sé bréagáin duit?

② Tugann Daidí na Nollag bronntanais dom.
③ Tugann sé bréagáin dom.

④ An ólann tú oráiste gach Nollaig?
⑤ An ólann tú fíon gach Nollaig?

④ Ólaim oráiste gach Nollaig.
⑤ Ní ólaim fíon gach Nollaig.

Comhrá: Inis dom faoi na pictiúir?
Cé atá ag cabhrú le Mamaí?
Cá bhfuil an tsióg?/na pléascóga?/
na liathróidí maisiúcháin?
Céard a chuireann Mamaí ar an gcrann Nollag?

1 Tarraing crann Nollag. Cuir pléascóg agus soilse air.

sióg ①
liathróidí maisiúcháin ②
pléascóga ③
soilse Nollag ④
tinsil ⑤

An Crann Nollag

Cuireann Mamaí crann Nollag sa seomra suí gach bliain. Tugann mise agus Ciara cabhair di. Cuirim pléascóga air. Cuireann Ciara liathróidí maisiúcháin air. Cuirim sióg ar bharr an chrainn. Cuirim tinsil air freisin.

Cuireann Mamaí soilse Nollag ar an gcrann. Lasann sí na soilse. Bíonn tart orainn ansin. Ólaimid líomanáid. Bíonn bród an domhain orainn.

Foclóir: Cuireann Mamaí = Mammy puts; cabhair = help.

2 Ceisteanna
1 Cá gcuireann Mamaí an crann Nollag gach bliain?
2 Céard a chuireann tú ar an gcrann Nollag?
3 Cé a chuireann na liathróidí maisiúcháin air?
4 Céard a chuireann tú ar bharr an chrainn?
5 Céard a chuireann Mamaí ar an gcrann?
6 An lasann tú na soilse?
7 Céard a ólann tú?

3 (a) Le foghlaim:

duit   dó   di   dóibh   daoibh   dúinn   dom

Thug Mamaí úlla

dom (mé)
duit (tú)
dó (sé)
di (sí)
dúinn (sinn)
daoibh (sibh)
dóibh (siad)

(b) Líon isteach na bearnaí:
1 Thug Daidí oráiste _____ (sí).
2 Níor thug Mamaí cóc _____ (sinn).
3 Ar thug Daideo bananaí _____ (sibh)?
4 "Cad is ainm ____ (tú)?" arsa an múinteoir liom.
5 Thug Seán na cóipleabhair _____ (siad).
6 Thug an siopadóir líomanáid _____ (mé).

4 (a) Le foghlaim:

GACH LÁ

Fág**aim** an teach **gach lá**.

Fág**ann** tú an teach **gach lá**.

Fág**ann** sé an teach **gach lá**.

Fág**ann** sí an teach **gach lá**.

Fág**aimid** an teach **gach lá**.

Fág**ann** sibh an teach **gach lá**.

Fág**ann** siad an teach **gach lá**.

(b) Scríobh amach an abairt seo a leanas agus lean ort mar atá déanta thuas agus tarraing na pictiúir.

Fanaim sa teach gach oíche.

5 Seanfhocal
Is fearr rith maith ná drochsheasamh.

CEACHT 15

Comhrá beirte/Comhrá baile

Cuir na ceisteanna seo ar do chara.

A

① An dtéann tú go dtí an siopa gach lá?

② Cad a cheannaíonn tú sa siopa?

③ Cad a thugann tú don siopadóir?
④ Cad a thugann an siopadóir duit?

B

① Téim go dtí an siopa gach lá.

② Ceannaím milseáin, barra seacláide agus an nuachtán.

③ Tugaim airgead don siopadóir.
④ Tugann an siopadóir sóinseáil dom.

66 seasca a sé

Comhrá: Inis dom faoi na pictiúir.
Cé atá ag an doras?/ag dul síos an bóthar?
An bhfuil an geata dúnta?/ar oscailt?
I bpictiúr a dó, cá bhfuil an cailín ag siúl?
Cad a cheannaíonn sí?

1. Dathaigh pictiúir a haon agus a ceathair.

Gach Satharn

Tugann Mamaí sé euro dom gach Satharn. Siúlaim síos an bóthar. Tá siopa nuachtán ar an taobh eile den bhóthar. Siúlaim trasna na sráide ar an mbealach trasnaithe.

Téim isteach sa siopa. Faighim an nuachtán do Dhaidí. Faighim irisleabhar do Mhamaí. Ceannaím uachtar reoite dom féin. Tugaim cúig euro don siopadóir. Téim abhaile ansin go sona sásta.

Foclóir: trasna na sráide = across the street; Téim = I go; Faighim = I get; Ceannaím = I buy; go sona sásta = happy and content.

2 Ceisteanna

1. Cé a thugann sé euro duit gach Satharn?
2. Cá siúlann tú?
3. An ritheann tú síos an bóthar?
4. Cad tá ar an taobh eile den bhóthar?
5. An ritheann tú ar an mbealach trasnaithe?
6. Cad a fhaigheann tú do Dhaidí?

3 Tarraing an pictiúr seo a leanas i do chóipleabhar agus éist.

CD Rian 17

4 (a) Le foghlaim:

1 sionnach	2 luch	3 beach
trasna an bhóthair	trasna an urláir	trasna an scátháin

4 capall	5 crogall	6 madra
trasna na páirce	trasna na habhann	trasna na sráide

68 seasca a hocht

(b) Cuir na focail seo a leanas san ord ceart.
1. luch an urláir trasna an Ritheann.
2. an trasna Bhí an scátháin siúl ag bheach.
3. crogall habhann na trasna snámh ag Tá an
4. an Ritheann bhóthair sionnach an trasna
5. sráide na Siúlann trasna madra an
6. na Siúlann páirce an trasna capall gach lá

5 (a) Le foghlaim:

GACH LÁ

Ceann**aím** bainne **gach lá**.

Ceann**aíonn** tú bainne **gach lá**.

Ceann**aíonn** sé bainne **gach lá**.

Ceann**aíonn** sí bainne **gach lá**.

Ceann**aimid** bainne **gach lá**.

Ceann**aíonn** sibh bainne **gach lá**.

Ceann**aíonn** siad bainne **gach lá**.

(b) Scríobh amach an abairt seo a leanas agus lean ort mar atá déanta thuas agus tarraing na pictiúir.

Triomaím na cupáin gach lá.

CEACHT 16

Comhrá beirte/Comhrá baile

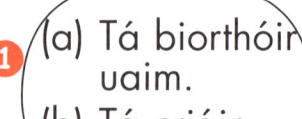

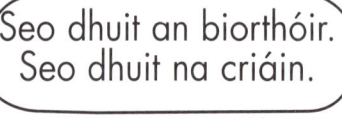

Cuir na ceisteanna seo ar do chara.

A

B

1 An bhfuil rud éigin uait?

Seo dhuit an biorthóir. Seo dhuit na criáin.

1 (a) Tá biorthóir uaim.
(b) Tá criáin uaim.

2 Céard atá uait?

Seo dhuit an rialóir. Seo dhuit an scriosán.

2 (a) Tá rialóir uaim.
(b) Tá scriosán uaim.

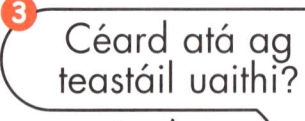

3 Céard atá ag teastáil uaithi?

3 (a) Tá bráisléad ag teastáil uaithi.
(b) Tá mála ag teastáil uaithi.

70   seachtó

Comhrá: Inis dom faoi na pictiúir.
Céard atá ar an mbord? Cén t-am é?
Cá bhfuil Ciara agus Mamaí ag dul?
Céard atá san fhuinneog?
Cathain a cheannaigh siad an bráisléad?

1. Tarraing crúiscín, uaireadóir agus bráisléad i do chóipleabhar.

An bráisléad

Bhí Ciara deich mbliana d'aois Dé Luain seo caite. Bhí bráisléad uaithi. Thug Mamaí Ciara isteach i siopa seodóra.
   Chuir an freastalaí cás bráisléad ar an gcuntar. Phioc Ciara ceann amháin amach. Chuir sí ar a láimh é. Bhí sé ró-theann. Phioc sí ceann eile amach. Bhí sé díreach ceart. Thug Mamaí cúig euro is fiche don fhreastalaí. Bhí áthas an domhain ar Chiara an tráthnóna sin.

Foclóir: Bhí bráisléad uaithi = she wanted a bracelet; Phioc Ciara = Ciara choose; ró-theann = too tight; díreach ceart = just right.

2 Ceisteanna
1 Cathain a bhí Ciara deich mbliana d'aois?
2 An raibh uaireadóir uaithi?
3 Cé a thug Ciara isteach sa siopa seodóra?
4 Cár chuir an freastalaí an cás bráisléad?
5 Céard a thug Mamaí don fhreastalaí?
6 Ar thug sí dhá euro is fiche don fhreastalaí?
7 Céard a thug an freastalaí do Mhamaí?

3 (a) Le foghlaim:

uaim (mé)
uait (tú)
uaidh (sé)
uaithi (sí)
uainn (sinn)
uaibh (sibh)
uathu (siad)

(b) Líon isteach na bearnaí:
1 Tá tart ar Dhaidí. Tá uisce _____ (sé).
2 Tá ocras ar na cailíní. Tá arán _____ (siad).
3 Tá poll ar chóta Áine. Tá cóta nua _____ (sí).
4 Tá oráistí agam. An bhfuil ceann _____(tú)?
5 An bhfuil borróga _____ (sibh) don chóisir?
6 Tá ár dteach an-aosta. Tá teach nua _____ (sinn).

4 (a) Le foghlaim:

1	aon choinín amháin	11	aon choinín déag
2	dhá choinín	12	dhá choinín déag
3	trí choinín	13	trí choinín déag
4	ceithre choinín	14	ceithre choinín déag
5	cúig choinín	15	cúig choinín déag
6	sé choinín	16	sé choinín déag
7	seacht gcoinín	17	seacht gcoinín déag
8	ocht gcoinín	18	ocht gcoinín déag
9	naoi gcoinín	19	naoi gcoinín déag
10	deich gcoinín	20	fiche coinín

(b) Líon isteach na bearnaí:

1. D'ith mé _____ (4) _____ (borróg) inné.
2. Chonaic mé _____ (5) _____ (crúiscín) ar an mbord.
3. Cheannaigh sí ____ (6) _____ (milseán) sa siopa.
4. Tá _____ (7) _____ (cófra) sa seomra.
5. Tá _____ (2) _____ (cianrialtán) sa teach againn.
6. Chuir mé _____ (9) _____ (cóta) ar an tolg.
7. D'ith Ciara _____ _____ _____ (13 milseán) inné.
8. D'ith siad _____ _____ ____ (18 borróg) inné.

5 Tomhas

Táim cosúil leis na réaltaí. Tagaim amach san oíche. Cé mise?

Fiacla bréige Mhamó.

Taisteal

Long mhór ag gluaiseacht
Ar fharraige is abhainn,
Ó chaladh go caladh
Mórthimpeall an domhain.

Eitleán ar luas
Ag eitilt mar éan,
Ó aerfort go haerfort
Thar mhuir is aigéan.

Traein ar bhóthar iarainn
Trí ghleann is trí chnoc,
Ó stáisiún go stáisiún
Cois abhann is loch.

Bus ar an mbóthar,
Bus Éireann ag teacht,
Ó bhus-stad go bus-stad
In am? Bhuel, beagnach.

Éamonn Ó Ríordáin

CEACHT 17
(Dul Siar)

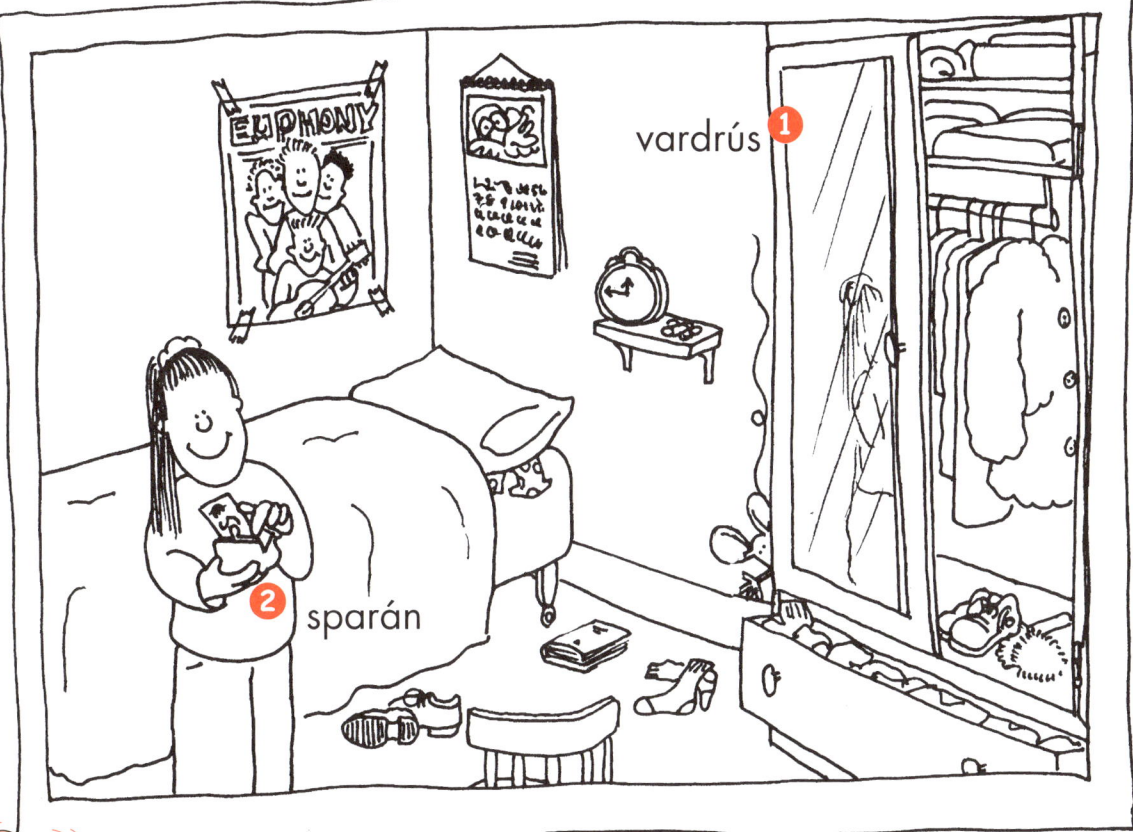

vardrús ①

sparán ②

An bráisléad agus an phléascóg CD Rian 19

Bhí breithlá Mhamaí ann inné. Bhí a fhios sin ag Ciara. Bhí uaithi bronntanas a fháil di. Shiúil sí go dtí a seomra codlata. Fuair sí a sparán. D'oscail sí é. Bhí fiche euro sa sparán. Fuair sí a cóta agus d'fhág sí an teach.

Shiúil sí síos an bóthar. Chonaic sí a cara Síle.

"Dia duit," arsa Síle. "Cá bhfuil tú ag dul?"

"Tá mé ag dul go dtí an siopa seodóra chun braisléad a fháil do Mhamaí," arsa Ciara. "Inniu a breithlá."

75   seachtó a cúig

"An féidir liom dul leat?" arsa Síle.

"Is féidir, cinnte," arsa Ciara.

Shiúil siad go dtí an siopa seodóra.

Chuaigh siad isteach ann.

"An bhfuil aon rud ag teastáil uaibh?" arsa an freastalaí.

"Ba mhaith linn féachaint ar na bráisléid," arsa Ciara.

Thóg an freastalaí bosca bráisléad amach. D'oscail sí é. D'fhéach Ciara agus Síle ar na bráisléid. Faoi dheireadh phioc Ciara ceann deas amach.

"Tógfaidh mé an ceann seo," arsa Ciara. "Cé mhéad atá air?"

"Cúig euro déag," arsa an freastalaí.

Thug Ciara cúig euro déag di. Thóg an freastalaí an t-airgead. Chuir sí an bráisléad i mbosca álainn agus páipéar daite timpeall air. D'fhág na cailíní slán aici.

Chuaigh siad isteach i siopa bréagán ansin. Cheannaigh Ciara pléascóga ann. Ansin thosaigh siad ag siúl abhaile. Shiúil siad ar an mbealach trasnaithe go dtí an taobh eile den tsráid.

Go tobann chuala siad madra ag tafann.

madra fíochmhar

Chas siad agus chonaic siad madra fíochmhar ag rith ina ndiaidh. Bhí eagla an domhain orthu. Thosaigh siad ag rith go mear ach bhí an madra ag rith go han-mhear freisin.

"Cá bhfuil na pléascóga agat, a Chiara?" arsa Síle.

"Tá siad i mo mhála agam," arsa Ciara. "Cén fáth?"

"Tóg ceann mór amach agus tarraing í," arsa Síle.

Chuir Ciara a lámh sa mhála. Thóg sí amach pléascóg mhór agus tharraing sí í.

Beaing! Rinne an phléascóg pléascadh mór.

Bhain an pléascadh geit as an madra agus rith sé abhaile.

"Táimid slán arís," arsa Síle. "Buíochas le Dia."

Bhí tart an domhain orthu. Shiúil siad isteach i siopa nuachtán agus cheannaigh siad oráiste agus líomanáid. D'ól siad iad.

D'fhág Síle slán ag Ciara ansin.

"Feicfidh mé thú ar scoil amárach," arsa Síle. "Slán leat."

Chuaigh Ciara isteach sa teach. D'inis sí an scéal do Mhamaí. Bhí bród ar Mhamaí.

"Bhí sibh an-chliste agus an-mhisniúil," arsa Mamaí. "Tá áthas orm go bhfuil sibh slán."

Dráma – An scannán CD Rian 20

Ciara: A Mhamaí, an bhfuil cead agam féachaint ar an teilifíseán?

Mamaí: Cad tá ar siúl air, a chroí?

Ciara: Tá cartún ar siúl anois ach beidh scannán ar siúl ar a seacht a chlog.

Mamaí: Cén t-am anois é?

Ciara: Tá sé ceathrú tar éis a cúig.

Mamaí: An bhfuil do cheachtanna déanta agat?

Ciara: Níl fós, a Mhamaí.

Mamaí: Bhuel, déan do cheachtanna ar dtús. Ansin is féidir leat féachaint ar an scannán.

Ciara: Go raibh maith agat, a Mhamaí. Anois cá bhfuil mo leabhar?

1 (a) GACH LÁ — GACH LÁ

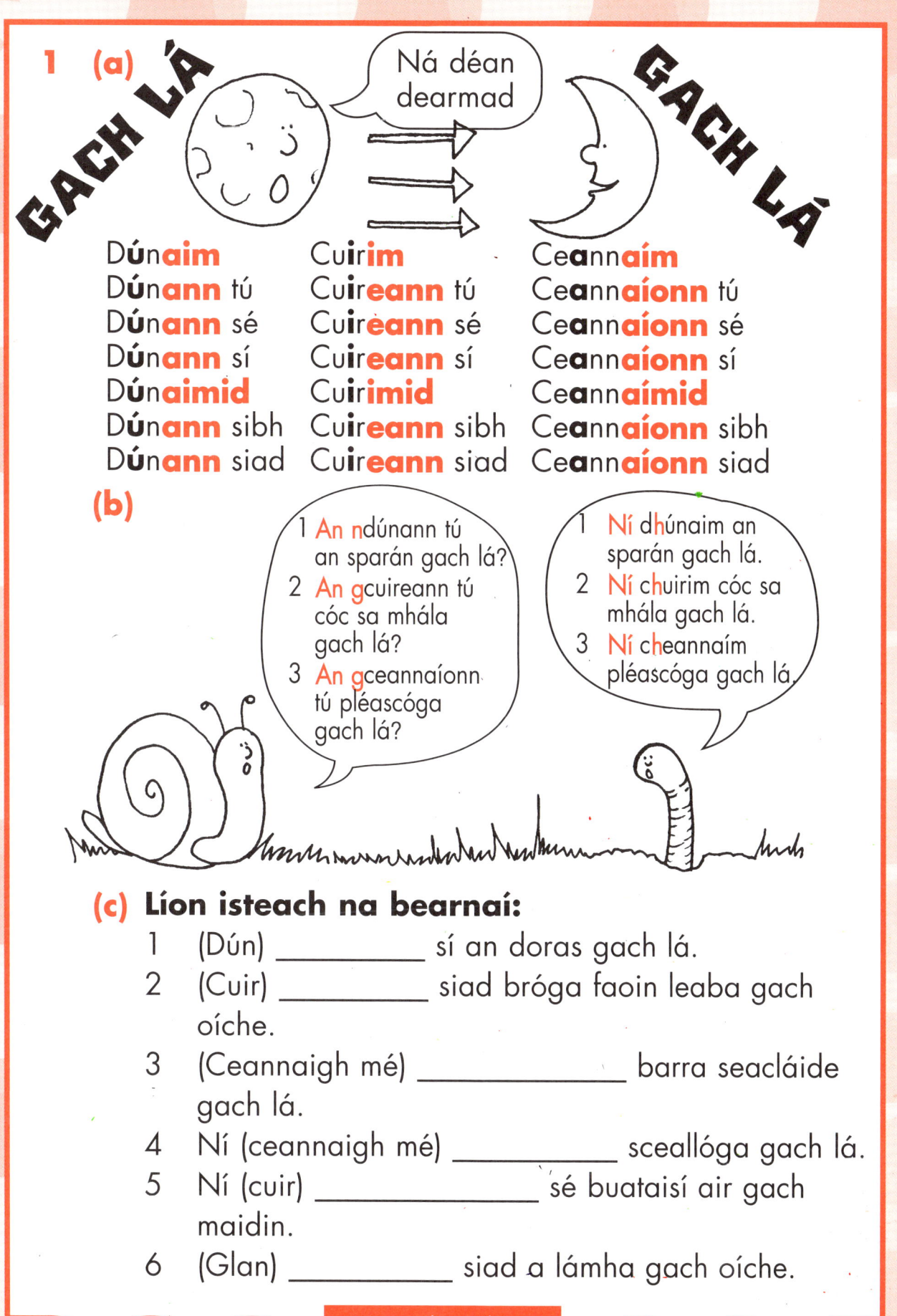

Ná déan dearmad

Dúnaim	Cuirim	Ceannaím
Dúnann tú	Cuireann tú	Ceannaíonn tú
Dúnann sé	Cuireann sé	Ceannaíonn sé
Dúnann sí	Cuireann sí	Ceannaíonn sí
Dúnaimid	Cuirimid	Ceannaímid
Dúnann sibh	Cuireann sibh	Ceannaíonn sibh
Dúnann siad	Cuireann siad	Ceannaíonn siad

(b)

1. An ndúnann tú an sparán gach lá?
2. An gcuireann tú cóc sa mhála gach lá?
3. An gceannaíonn tú pléascóga gach lá?

1. Ní dhúnaim an sparán gach lá.
2. Ní chuirim cóc sa mhála gach lá.
3. Ní cheannaím pléascóga gach lá.

(c) Líon isteach na bearnaí:

1. (Dún) _____ sí an doras gach lá.
2. (Cuir) _____ siad bróga faoin leaba gach oíche.
3. (Ceannaigh mé) _____ barra seacláide gach lá.
4. Ní (ceannaigh mé) _____ sceallóga gach lá.
5. Ní (cuir) _____ sé buataisí air gach maidin.
6. (Glan) _____ siad a lámha gach oíche.

2 (a)

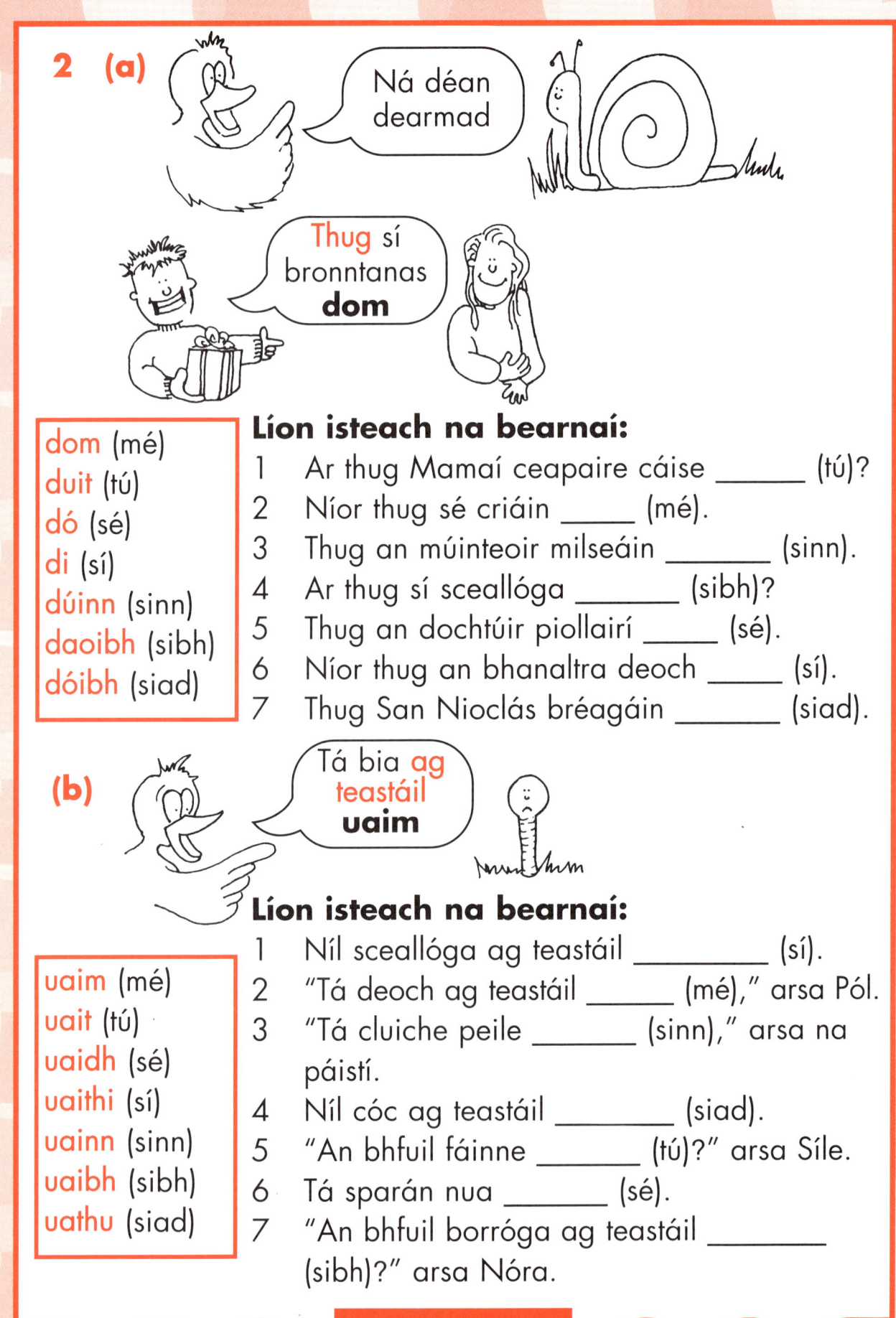

Ná déan dearmad

Thug sí bronntanas **dom**

dom (mé)	
duit (tú)	
dó (sé)	
di (sí)	
dúinn (sinn)	
daoibh (sibh)	
dóibh (siad)	

Líon isteach na bearnaí:
1. Ar thug Mamaí ceapaire cáise _____ (tú)?
2. Níor thug sé criáin _____ (mé).
3. Thug an múinteoir milseáin _____ (sinn).
4. Ar thug sí sceallóga _____ (sibh)?
5. Thug an dochtúir piollairí _____ (sé).
6. Níor thug an bhanaltra deoch _____ (sí).
7. Thug San Nioclás bréagáin _____ (siad).

(b)

Tá bia ag teastáil **uaim**

uaim (mé)	
uait (tú)	
uaidh (sé)	
uaithi (sí)	
uainn (sinn)	
uaibh (sibh)	
uathu (siad)	

Líon isteach na bearnaí:
1. Níl sceallóga ag teastáil _____ (sí).
2. "Tá deoch ag teastáil _____ (mé)," arsa Pól.
3. "Tá cluiche peile _____ (sinn)," arsa na páistí.
4. Níl cóc ag teastáil _____ (siad).
5. "An bhfuil fáinne _____ (tú)?" arsa Síle.
6. Tá sparán nua _____ (sé).
7. "An bhfuil borróga ag teastáil _____ (sibh)?" arsa Nóra.

CEACHT 18

Comhrá beirte/Comhrá baile

Cuir na ceisteanna agus freagair.

A

1. Ar mhaith leat dul go dtí na pictiúir?
2. Ar mhaith leat dul go dtí an cluiche?
3. Ar mhaith leat dul go dtí an sorcas?

B

1. Ba mhaith liom dul go dtí na pictiúir.
2. Ba mhaith liom dul go dtí an cluiche.
3. Ba mhaith liom.

4. Ar mhaith leat dul isteach sa phríosún?
5. Ar mhaith leat dul isteach sa chás?

4. Níor mhaith liom dul isteach sa phríosún.
5. Níor mhaith liom.

Comhrá: Inis dom faoi na pictiúir.
Cad tá á dhéanamh ag Laoise?
Cad tá ag an gcoimhthíoch?
An bhfuil a lán daoine sa phictiúrlann?
An bhfuil gunnaí ag an arm?

1. Dathaigh Laoise, an coimhthíoch, an spáslong agus an tanc.

spáslong
coimhthíoch
Chuir an t-arm an ruaig air

Scannán uafáis

Chuaigh Laoise agus Ciara go dtí na pictiúir tráthnóna inné. Cheannaigh Laoise dhá thicéad. Thug sí ceann amháin do Chiara. Scannán uafáis a bhí ar siúl. Tháinig coimhthíoch go dtí an tír seo.

Bhain sé geit as na cailíní. Mharaigh an coimhthíoch a lán daoine. Sa deireadh, chuir an t-arm an ruaig air. Theith sé ina spáslong. Bhí an domhan slán arís, buíochas le Dia.

Foclóir: ceann amháin = one; Scannán uafáis = horror film; tír = country; Theith sé = he fled; slán = safe.

2 Ceisteanna

1. Cé a chuaigh go dtí na pictiúir?
2. An ndeachaigh Ciarán go dtí na pictiúir?
3. Cad a cheannaigh Laoise?
4. Cad a thug Laoise do Chiara?
5. Cé a tháinig go dtí an tír seo?
6. Cad a rinne an coimhthíoch?
7. Ar bhain sé geit as Laoise?

3 Éist agus tarraing na pictiúir CD Rian 21

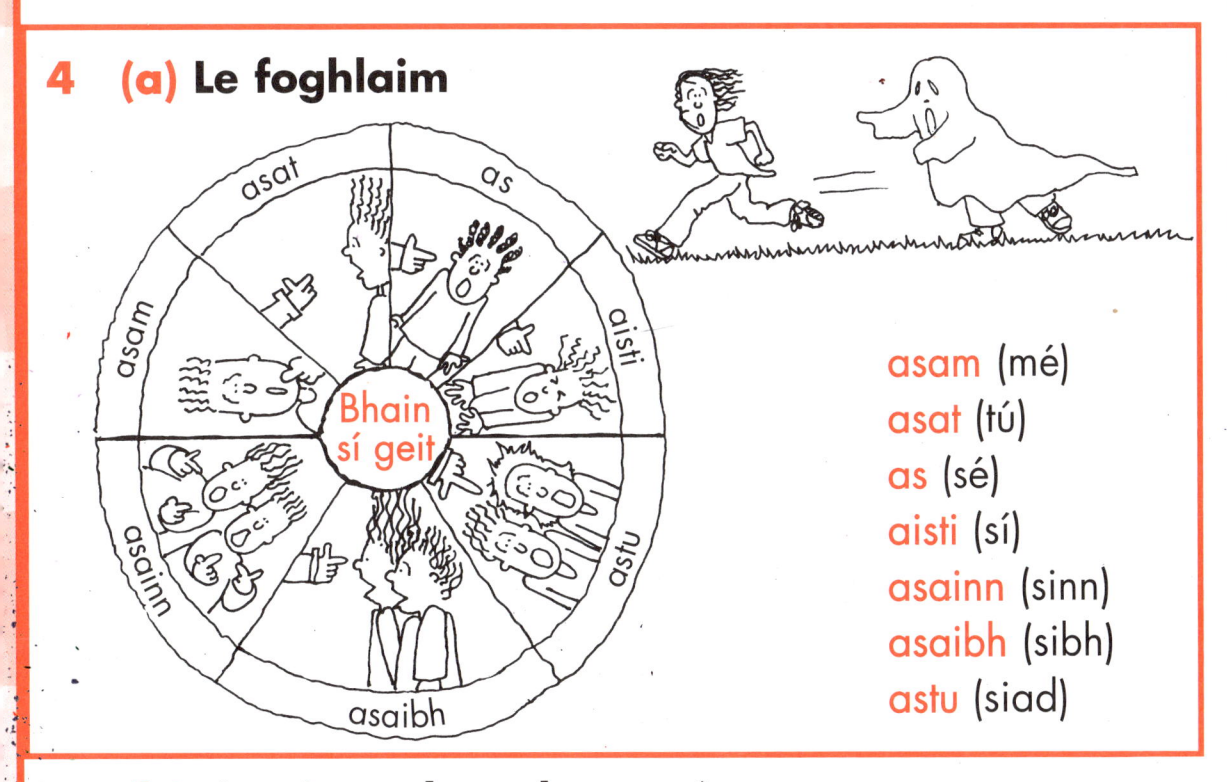

4 (a) Le foghlaim

Bhain sí geit

asam (mé)
asat (tú)
as (sé)
aisti (sí)
asainn (sinn)
asaibh (sibh)
astu (siad)

(b) Líon isteach na bearnaí:

1. Bhain an madra geit _____ (sé).
2. Bhain an scannán uafáis geit _____ (sinn).
3. Níor bhain an cat geit _____ (mé).
4. Ar bhain an leon geit _____ (tú)?
5. Níor bhain an luch geit _____ (siad).
6. Ar bhain an capall geit _____ (sibh)?

5 (a) Le foghlaim:

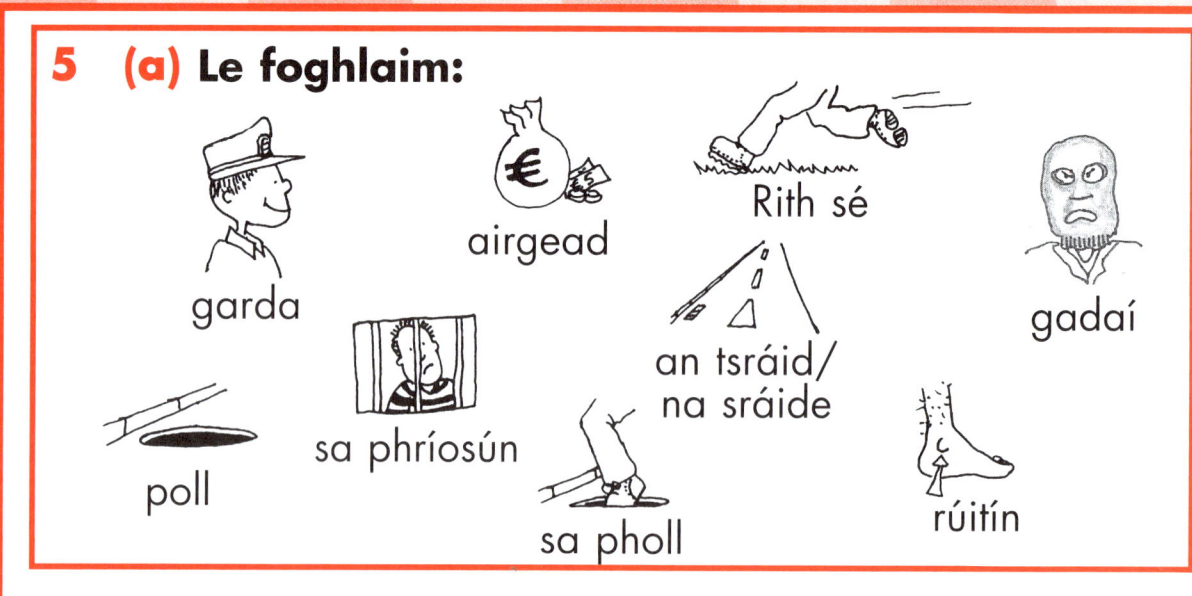

garda, airgead, Rith sé, gadaí, poll, sa phríosún, an tsráid/na sráide, sa pholl, rúitín

(b) Scríobh an scéal:
An Garda agus an gadaí

Bhí _____ i mo theach inné. Bhí _____ ar an mbord. Thóg an _____ é. Rith sé amach ar ___ _____. Chonaic _____ é. _____ ____ ina dhiaidh. Rith an gadaí trasna ___ _____. Bhí _____ sa tsráid. Chuir an _____ a chos isteach ___ _____. Chas sé a _____. Rug an _____ air. Chuir sé isteach ___ _____ é. Níor ghoid sé _____ arís.

6 Tomhas

Is féidir liom é a fheiceáil. Is féidir liom mo lámh a chur air. Is féidir liom é a dhéanamh. Ach ní féidir liom an ruaig a chur air. Cad é an rud é?

mo scáth

CEACHT 19

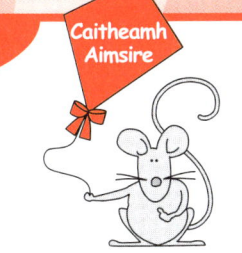

Caitheamh Aimsire

Comhrá beirte/Comhrá baile

Cuir ceist agus freagair.

A

1. Ar mhaith leat bheith ag léamh?
2. Ar mhaith leat bheith ag éisteacht?
3. Ar mhaith leat bheith ag canadh?
4. Ar mhaith leat bheith ag dreapadh?
5. Ar mhaith leat bheith ag péinteáil?
6. Ar mhaith leat bheith ag damhsa?

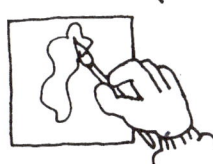

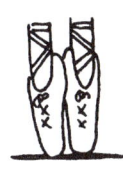

B

1. Ba mhaith liom bheith ag léamh.
2. Ba mhaith liom bheith ag éisteacht.
3. Ba mhaith liom bheith ag canadh.  
4. Ba mhaith liom bheith ag dreapadh.
5. Ba mhaith liom bheith ag péinteáil.
6. Ba mhaith liom bheith ag damhsa.

ochtó a seacht

Comhrá: Inis dom faoi na pictiúir.
An bhfuil an doras ar oscailt?
An bhfuil an doras dúnta?
Céard atá á dhéanamh ag Laoise?
An bhfuil pictiúir de leon?/de mhoncaí sa leabhar?

1. Dathaigh na ballaí, na díneasáir agus na leabhair.

1. pictiúir
2. pictiúir agus eolas
3. leabharlannaí
4. Scan sé an barrachód

An leabharlann

Bhí leabhar dineasár ó Laoise. Shiúil sí isteach sa leabharlann. Thosaigh sí ag feachaint ar na leabhair dhineasár. D'fhéach sí ar an gcéad leabhar. Ní raibh ann ach pictiúir.

D'fhéach sí ar an dara leabhar. Bhí pictiúir agus eolas ann. Thóg sí an leabhar seo. Thug sí é don leabharlannaí. Scan sé an barrachód. Thug sé an leabhar ar ais do Laoise. Thaitin an leabhar sin go mór léi.

Foclóir: eolas = knowledge; an dara leabhar = the second book; ar ais = back.

2   Ceisteanna
1   Céard a bhí ó Laoise?
2   Cár shiúil sí?
3   Ar shiúil sí go dtí an phictiúrlann?
4   Céard a bhí sa chéad leabhar dineasár?
5   Ar thóg sí an chéad leabhar?
6   Céard a bhí sa dara leabhar?
7   Céard a rinne an leabharlannaí?

3   (a) Le foghlaim:

an chéad fhear
an dara fear
an tríú fear
an ceathrú fear
an cúigiú fear
an séú fear
an seachtú fear
an t-ochtú fear
an naoú fear
an deichiú fear

ag rith   ag léamh   ag dreapadh
ag éisteacht   ag péinteáil

ag rince   ag scríobh   ag canadh
ag ithe   ag ól

89   ochtó a naoi

(b) Ceisteanna
1. Céard atá á dhéanamh ag an dara fear?
2. Céard atá á dhéanamh ag an tríú fear?
3. Céard atá á dhéanamh ag an seachtú fear?
4. Céard atá á dhéanamh ag an séú fear?
5. Céard atá á dhéanamh ag an naoú fear?
6. Céard atá á dhéanamh ag an deichiú fear?

4 (a) Le foghlaim:

| ag imirt snúcair |  ag imirt eitpheile |  ag imirt cártaí |
|  ag imirt fichille |  ag imirt leadóige |  ag imirt cispheile |

(b) Cuir na focail seo a leanas in ord:

imirt suí Bhí snúcair Liam ag seomra sa
ag Seán imirt sa chlós Bhí leadóige
inné imirt mé Ciara Chonaic eitpheile ag
imirt Daideo Bhí ag cártaí inné tráthnóna
raibh Ní fichille ag Mamó imirt inné
buachaillí Bhí ag na cispheile imirt scoil sa inné

5 Tomhas
Tá sé chos fúm. Tá dath glas orm ach ní féidir liom rith. Cé mise?

bord snúcair

Caith an dísle

an dair dearcáin

| 43 | 44 | 45 | 46 | 47 | 48 | 49 | 50 |

42 Bhí tú an-mhisniúil. Ar aghaidh leat go huimhir 47.

41 40 39 38

37 Rith ar an droichead go huimhir 48.

abhainn

36 35 34 33 32

Tine sa choill. Téigh siar sé chéim.

25 26 27 28 29 30 31

Ulchabhán ag faire. Ná caith an chéad uair eile.

24 23 22 21 20

19 Siúil ar ghéag go huimhir a tríocha.

18 17 16

Dreap an rópa go huimhir fiche a trí.

9 10 11

12 Dainséar.

Tabhair seans eile do do chara.

13 14 15

8

5 Titeann crann anuas ort. Tosaigh arís.

7 6 4 3 2

1 Tús

crann cnó capaill

91 nócha a haon

CEACHT 20

Éadaí

Comhrá beirte/Comhrá baile

Cuir na ceisteanna ar do chara.

A
1. Ar bhain tú do chóta díot?
2. Ar bhain tú do charbhat díot?
3. Ar bhain tú do chaipín díot?
4. Ar bhain tú do léine díot?
5. Ar bhain tú do gheansaí díot?
6. Ar bhain sé a hata de?
7. Ar bhain sé a spéaclaí de?

B
1. Bhain mé mo chóta díom.
2. Bhain mé mo charbhat díom.
3. Bhain mé mo chaipín díom
4. Níor bhain mé mo léine díom.
5. Níor bhain mé mo gheansaí díom
6. Bhain sé a hata de.
7. Níor bhain sé a spéaclaí de.

92 nócha a dó

Comhrá: Inis dom faoi na pictiúir.
Cá bhfuil na léinte?
Cad tá faoin leaba?
Cá bhfuil Daidí ina shuí?
Cén t-am é?

1. Dathaigh na héadaí agus an meaisín níocháin.

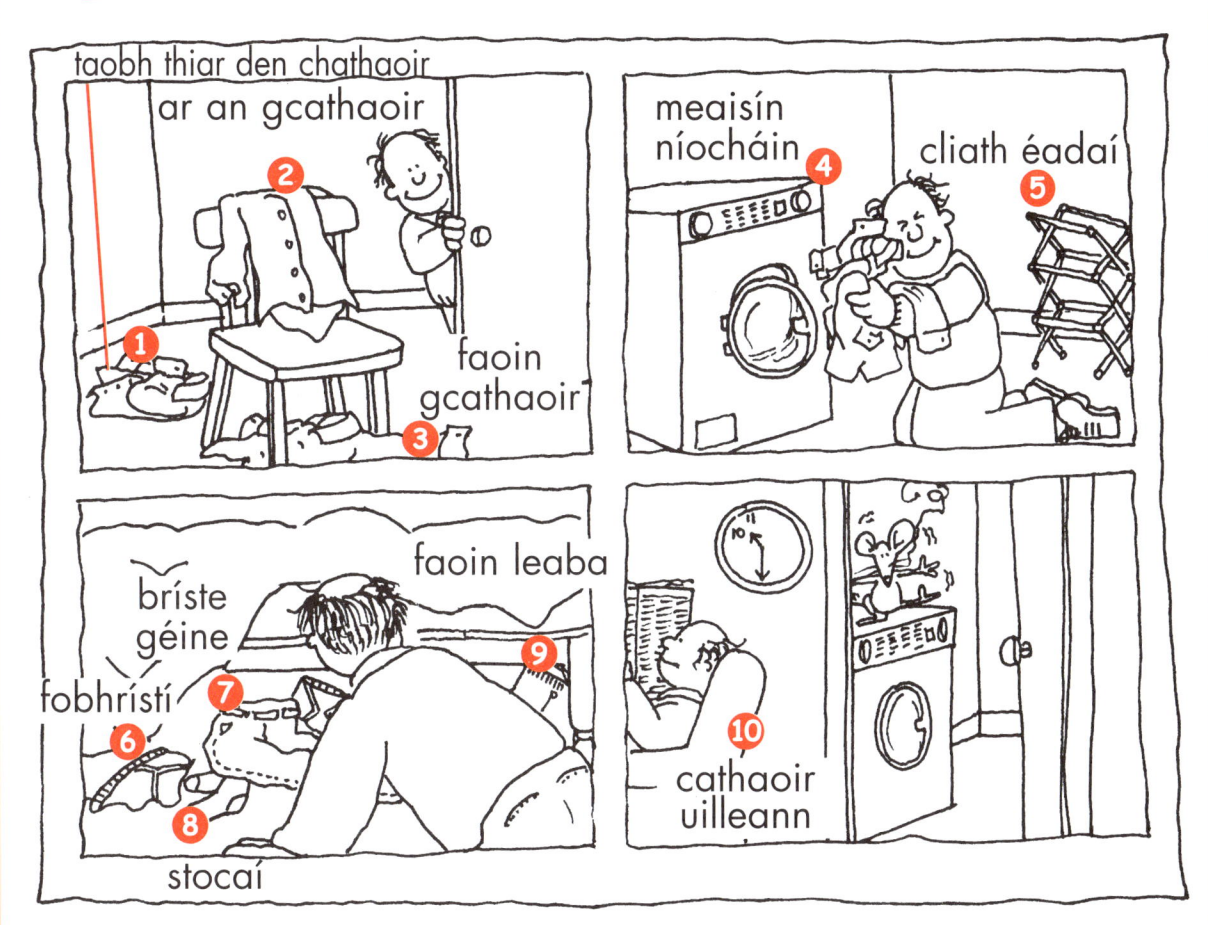

- taobh thiar den chathaoir
- ar an gcathaoir
- faoin gcathaoir
- meaisín níocháin
- cliath éadaí
- bríste géine
- faoin leaba
- fobhrístí
- stocaí
- cathaoir uilleann

Na héadaí salacha

Nigh Daidí na héadaí Dé Sathairn seo caite. Chuaigh sé isteach i seomra Chiaráin. Bhí léine ar an gcathaoir. Bhí léine faoin gcathaoir agus bhí léine eile taobh thiar den chathaoir. Chuir sé na léinte go léir sa mheaisín níocháin.

Ansin d'fhéach sé faoin leaba. Bhí stocaí agus bríste géine salach ann. Bhí fobhrístí salacha ann, freisin. Chuir sé iad go léir sa mheaisín níocháin. Chuir Daidí an meaisín níocháin ar siúl. Thóg sé sos beag ansin.

2   Ceisteanna
1   Cathain a nigh Daidí na héadaí?
2   Cá ndeachaigh sé?
3   Cad a bhí faoin gcathaoir?
4   Cár chuir Daidí na léinte go léir?
5   Ar chuir sé na léinte sa vardrús?
6   Cá raibh an bríste géine?
7   An raibh na stocaí ar an radaitheoir?

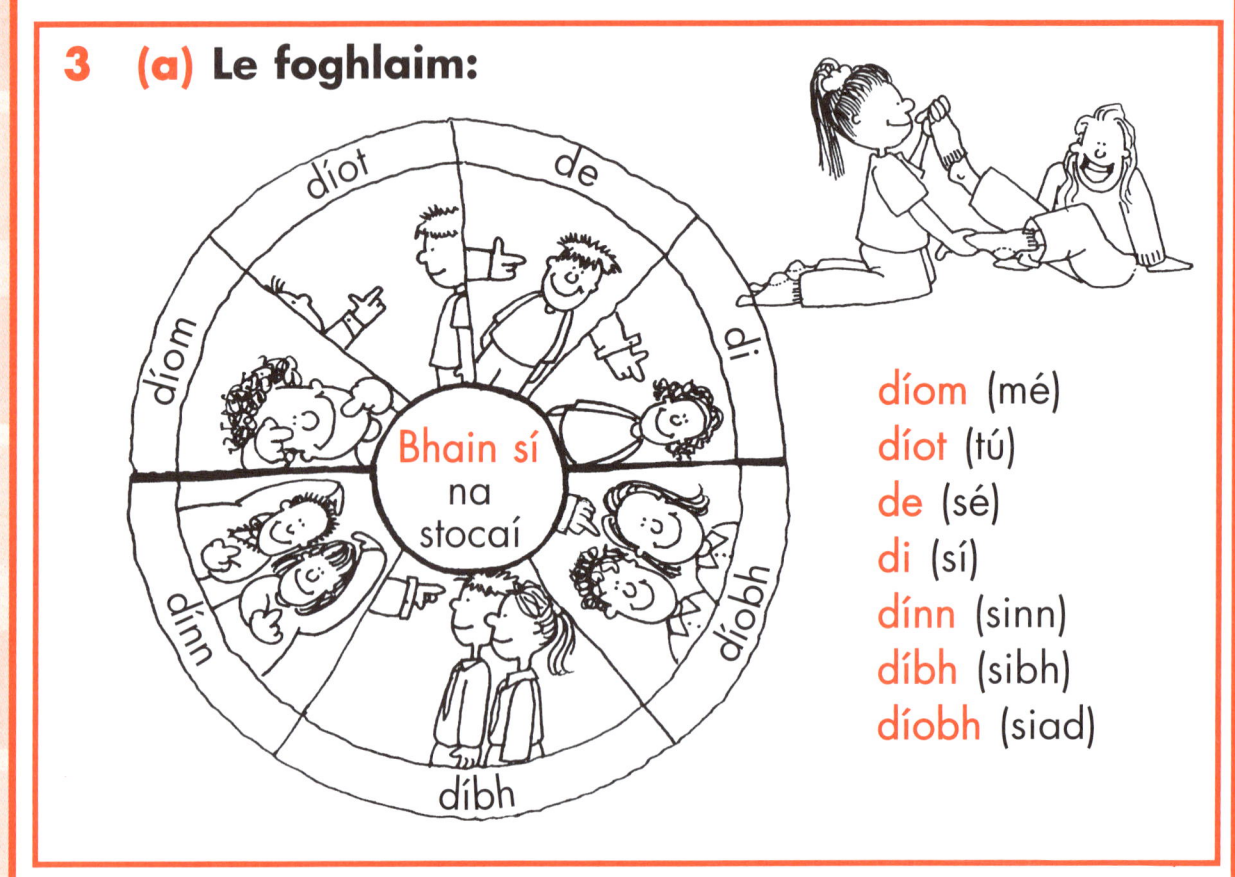

3   (a)   Le foghlaim:

Bhain sí na stocaí

díom, díot, de, di, díobh, díbh, dínn

díom (mé)
díot (tú)
de (sé)
di (sí)
dínn (sinn)
díbh (sibh)
díobh (siad)

(b)   Líon isteach na bearnaí:
1   Bhain mé mo bhuataisí _____ (mé).
2   Bhain sí _____ (sí) a gúna.
3   Bhain Eoin agus Ciarán a stocaí _____ (siad).
4   Níor bhain Síle agus mé féin na stocaí _____ (sinn).
5   Ar bhain tú do chóta _____ (tú)?
6   Ar bhain Seán a bhróga _____ (sé)?

94   nócha a ceathair

4 (a) Le foghlaim:

| leis an n**g**lantóir | faoin **g**crann | ag an n**g**eata | ar an m**b**óthar |

(b) Líon isteach na bearnaí:

1. Ghlan Ciarán an clár dubh leis an _____ (glantóir).
2. Chonaic mé coinín faoin _____ (crann).
3. Ní fhaca mé coimhthíoch ar an _____ (bóthar).
4. Bhí tarbh ag an _____ (geata).
5. Chuir mé an cianrialtán ar an _____ (cathaoir).
6. Sheas Síle ag an _____ (bord).
7. Chuir mé scian ar an _____ (pláta).
8. Chonaic mé cat faoin _____ (carr).

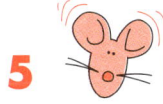

5 Éist agus tarraing. CD Rian 22

6 Aimsigh cúig dhifríocht:

Éadaí

CD Rian 23

Tá éadaí ar gach duine,
Idir óg is shean
Ar bhuachaill is ar fhear,
Ar chailín is ar bhean.

Aithním an garda,
Nuair a chaitheann sé éide,
Ar patról nó ar diúité,
Aithním go soiléir é.

Aithnímid go léir,
Aithnímid gan stró,
An cleasaí ar an téad,
Is an fear grinn sa chró.

Ní dhéanfaimid dearmad
Ar ainmhí ná ar éin;
Is álainn na héadaí
A chaitheann siad féin.

Tá féar ar an talamh,
Duilleoga ar an gcrann,
Éadaí ar gach rud
I ngach áit ar domhan.

Foclóir: Aithním = I recognise; go soiléir = clearly; gan stró = without effort; sa chró = in the ring.

CEACHT 21

Comhrá beirte/Comhrá baile

A Cuir ceist agus freagair.   B

1 An bhfuil faiche agaibh?
2 Cá bhfuil an fhaiche?

1 Tá faiche againn.
2 Tá an fhaiche os comhair an tí.

3 An bhfuil bláthanna ag fás inti?
4 An bhfuil tú cinnte?
5 An bhfuil fiailí ag fás inti?
6 An bhfuil tú cinnte?

3 Tá bláthanna ag fás inti.
4 Tá mé cinnte.
5 Tá fiailí ag fás inti.
6 Tá mé cinnte.

7 An bhfuil Mamaí sa bhaile anois?
8 An bhfuil scriosán agat sa bhaile?

7 Tá ach níl mé cinnte.
8 Tá ach níl mé cinnte.

Éadaí

Comhrá: Inis dom faoi na pictiúir.
Cé atá ag cur forbhríste/buataisí air féin?
Cé atá ag lomadh na faiche?/ag piocadh na bhfiailí?
An bhfuil Daidí traochta?
Cá bhfios duit?

1. Dathaigh an forbhríste, na buataisí agus an lomaire faiche.

Daidí ag obair

Ghearr Daidí an fhaiche tar éis an dinnéir. Ar dtús, chuir sé forbhríste air. Ansin chuir sé a bhuataisí air. Shiúil sé isteach sa gharáiste. Thóg sé an lomaire faiche amach agus ghearr sé an féar.

Chuir sé lámhainní air ansin. Phioc sé na fiailí. Chuir sé isteach sa mhála iad. Bhí sé tuirseach traochta, ansin. Bhain sé a bhuataisí de. Shuigh sé in aice na tine agus thit sé ina chodladh.

Foclóir: forbhríste = overalls; tar éis an dinnéir = after dinner; Phioc sé = he picked; in aice na tine = near the fire.

2 Ceisteanna
1 Cathain a ghearr Daidí an fhaiche?
2 Céard a chuir sé air?
3 Ar chuir sé bróga air?
4 Cár shiúil sé?
5 Cá raibh an lomaire faiche?
6 Céard a chuir sé ar a lámha?
7 Cár chuir sé na fiailí?

3 Tarraing an pictiúr seo i do chóipleabhar agus éist. CD Rian 24

4 (a) Le foghlaim:
1 tar éis an dinnéir
2 tar éis an chluiche
3 tar éis na scoile
4 tar éis an rása
5 tar éis tamaill
6 tar éis an bhricfeasta

(b) Cuir gach ceann thuas in abairt:
Sampla:
1. Thosaigh mé ag léamh tar éis an dinnéir.

5 (a) Le foghlaim:

san fhéar   Thosaigh sí   ar oscailt
a buataisí uirthi faoin leaba   lomaire faiche

(b) Scríobh an scéal:

6 Tomhas

Níl fuil ná cnámha ionam ach tá cúig mhéar orm.
Cé mise?

lámhainn

CEACHT 22

An Aimsir

Comhrá beirte/Comhrá baile

Cuir na ceisteanna seo ar do chara.

A
1. An ndúnfaidh tú an doras le do thoil?
2. An ndúnfaidh tú an fhuinneog le do thoil?

B
1. Dúnfaidh mé agus fáilte.
2. Dúnfaidh mé agus fáilte.

3. Cén sórt aimsire atá ann inniu?

3.
(a) Tá sé fuar/te.
(b) Tá sé fliuch/tirim.
(c) Tá sé ceathach/gaofar.
(d) Tá sé scamallach.

4. Ainmnigh na séasúir.

4.
(a) An t-earrach
(b) An samhradh
(c) An fómhar
(d) An geimhreadh

101 céad a haon

Comhrá: Inis dom faoi na pictiúir.
An bhfuil sé ag cur báistí i bpictiúr a haon?
Céard a fheiceann tú ar an trá?
Cad tá sa spéir i bpictiúr a trí?
An bhfuil sé gaofar i bpictiúr a ceathair?

1. Dathaigh pictiúir a haon agus a ceathair.

ag stealladh báistí

Bhí an t-ádh linn

Chuaigh Mamaí agus mé féin cois trá Dé Domhnaigh seo caite. Bhí an ghrian go hard sa spéir. Pháirceáil Mamaí an carr. Chuamar ag siúl ar an trá. Bhí slua ar an trá.

Shiúlamar ar feadh ceathrú uair a chloig. Ansin chonaic mé an spéir ag dorchú. D'imigh an ghrian taobh thiar de na scamaill. Shiúlamar go gasta go dtí an carr. Thosaigh sé ag stealladh báistí ach bhí an t-ádh linn. Bhíomar sa charr.

Foclóir: Chuamar = we went; slua = crowd; ceathrú uair a chloig = quarter of an hour.

2 Ceisteanna

1. Cathain a chuaigh tú féin agus Mamaí go dtí an trá?
2. Cá raibh an ghrian?
3. Cá ndeachaigh sibh ag siúl?
4. An raibh slua ar an mbóthar?
5. Céard a chonaic tú ag dorchú?
6. Cár imigh an ghrian?
7. Cá raibh sibh nuair a thosaigh sé ag stealladh báistí?

3 (a) Le foghlaim:

gearrcaigh sa nead
uain óga
tiúilipí

Inis dom faoin earrach.

1. Fásann duilleoga ar na crainn.
2. Fásann tiúilipí sa ghairdín.
3. Bíonn gearrcaigh ag na héin.

Inis dom faoin samhradh.

1. Téann daoine ar saoire.
2. Bíonn laethanta saoire againn.
3. Téann daoine cois trá.

(b) Éist   CD Rian 25

4 (a) Le foghlaim:

AMÁRACH

Dún**faidh** mé an fhuinneog **amárach**.

Dún**faidh** tú an fhuinneog **amárach**.

Dún**faidh** sé an fhuinneog **amárach**.

Dún**faidh** sí an fhuinneog **amárach**.

Dún**faimid** an fhuinneog **amárach**.

Dún**faidh** sibh an fhuinneog **amárach**.

Dún**faidh** siad an fhuinneog **amárach**.

(b) Scríobh amach an abairt seo a leanas agus lean ort mar atá déanta thuas agus tarraing na pictiúir.

Glanfaidh mé an bord amárach.

5 Seanfhocal

Is fearr ciall ná bia.

6 Crosfhocal:

Trasna

4 Bhí an ☀ _____ go hard sa spéir.
5 Bhain Íde a cóta _____ (sí).
6 Tóg amach an lomaire _____.
8 Bhain an tíogar geit (sé) _____.
9 Bhí lá s_____ ag an rang inné.
10 Chuir sé an leabhar ar _____ mbord.
11 Chonaic sé luch _____ comhair an tí inné.
12 Ní raibh _____ mór ar an trá inné.

Anuas

1 Chuir Ciarán na héadaí sa 🧺 _____ níocháin.
2 Bíonn laethanta saoire againn sa _____.
3 Feicim 🌱 _____ ar na crainn san earrach.
7 Chuaigh mé go dtí an phictiúrlann tar _____ an dinnéir.
10 Chuir Mamaí lámhainní _____ a lámha.

7 Rabhlóg

Is deacair stoca a shracadh trasna.

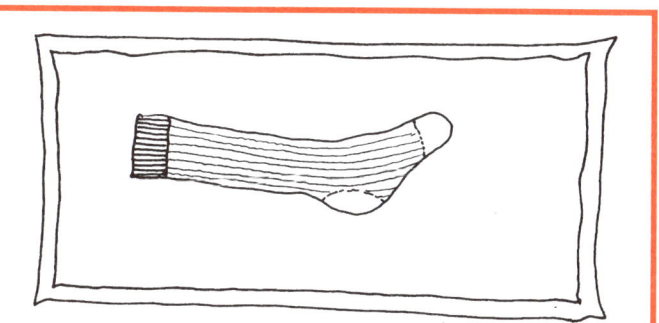

An Féileacán

Bhíos lá álainn samhraidh
Sa ghairdín im' luí
I measc bláthanna ildaite,
Bán, dearg is buí.

Chonaic mé cleasaí
Ag spórt is ag spraoi,
Féileacán gleoite
A d'ardaigh mo chroí.

D'eitil an cleasaí
Anonn is anall,
Mar shióg ar meisce
Ag eitilt go mall.

Tá áthas inniu air
Ag rince 's ag spraoi
Ach beidh sé amárach
Gan tapa gan bhrí.

Siobhán Ní Mhuimhneacháin

CEACHT 23

Comhrá beirte/Comhrá baile

Cuir na ceisteanna seo ar do chara.

A

1. An gcuirfidh tú an bruscar sa bhosca bruscair?
2. An gcuirfidh tú na cóipleabhair ar an mbord?
3. An gcuirfidh tú na cóipleabhair sa bhosca bruscair?

B

1. Cuirfidh mé.
2. Cuirfidh mé.
3. Ní chuirfidh mé.

4. An bhfuil sé scamallach inniu?
5. An bhfuil sé ceathach inniu?
6. An bhfuil sé fliuch inniu?
7. An bhfuil sé gaofar inniu?
8. An bhfuil sé grianmhar inniu?

4. Tá (Níl) sé scamallach inniu.
5. Tá (Níl) sé ceathach inniu.
6. Tá (Níl) sé fliuch inniu.
7. Tá (Níl) sé gaofar inniu.
8. Tá (Níl) sé grianmhar inniu.

An Aimsir

Comhrá: Inis dom faoi na pictiúir.
Cé atá ag rothaíocht?
Cé mhéad páiste atá ag siúl?
Céard atá ar an mbóthar?
Céard atá lúbtha?/briste?

1. Dathaigh pictiúir a haon agus a ceathair.

1 Sciorr an rothar

slabhra briste

roth lúbtha

2

3

4 Dheisigh an fear é

Leac oighir

Lá fuar geimhridh a bhí ann. Bhí Ciara ag dul ar scoil. Bhí sí ar a rothar. Bhí leac oighir ar an mbóthar. Go tobann sciorr an rothar. Thit Ciara den rothar ach ní raibh sí gortaithe.

D'fhéach sí ar a rothar. Bhí roth lúbtha agus an slabhra briste. Thóg sí é chuig siopa rothar. Dheisigh an fear é. Ní dheachaigh Ciara ag rothaíocht ar an leac oighir arís.

2 Ceisteanna

1. An raibh an ghrian ag taitneamh?
2. Céard a bhí ar an mbóthar?
3. Cá raibh Ciara ag dul?
4. An raibh Ciara gortaithe?
5. An raibh an roth briste?
6. Ar thóg sí an rothar go dtí an scoil?
7. Cár thóg Ciara an rothar?

3 (a) Le foghlaim

Inis dom faoin bhfómhar.

1. Titeann na duilleoga san fhómhar.
2. Bíonn na sméara dubha aibí ar na driseacha.
3. Imíonn na fáinleoga go dtí an Afraic.

Inis dom faoin ngeimhreadh.

1. Titeann sneachta sa gheimhreadh.
2. Fanann an ghráinneog ina codladh.
3. Bíonn leac oighir ar na bóithre.
4. Bíonn sé an-fhuar sa gheimhreadh.

(b) Éist   CD Rian 27

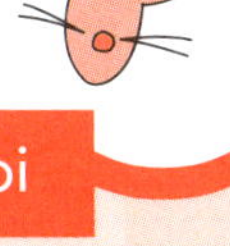

4. **(a) Le foghlaim:**

AMÁRACH

Cuir**fidh** mé leabhair sa mhála **amárach**.

Cuir**fidh** tú leabhair sa mhála **amárach**.

Cuir**fidh** sé leabhair sa mhála **amárach**.

Cuir**fidh** sí leabhair sa mhála **amárach**.

Cuir**fimid** leabhair sa mhála **amárach**.

Cuir**fidh** sibh leabhair sa mhála **amárach**.

Cuir**fidh** siad leabhair sa mhála **amárach**.

(b) Scríobh amach an abairt seo a leanas agus lean ort mar atá déanta thuas agus tarraing na pictiúir.

Rithfidh mé ar scoil amárach.

5. **Seanfhocal**

Nuair a bhíonn a bholg lán bíonn an cat ag crónán.

CEACHT 24

Ócáidí Speisialta

Comhrá beirte/Comhrá baile

A Cuir ceist agus freagair.

A
1. An ólfaidh tú oráiste?
2. An ólfaidh tú cupán bainne?
3. An ólfaidh tú líomanáid?
4. An ólfaidh tú uisce te?
5. An ólfaidh tú fínéagar?

B
1. Ólfaidh mé oráiste.
2. Ólfaidh mé cupán bainne.
3. Ólfaidh mé líomanáid.
4. Ní ólfaidh mé uisce te.
5. Ní ólfaidh mé fínéagar.

6. An gceannóidh tú misleáin dom?
7. An gceannóidh tú criospaí dom?
8. An gceannóidh tú uisce beatha dom?
9. An gceannóidh tú toitíní dom?

6. Ceannóidh mé misleáin duit.
7. Ceannóidh mé criospaí duit.
8. Ní cheannóidh mé uisce beatha duit.
9. Ní cheannóidh mé toitíní duit.

111 céad a haon déag

Comhrá: Inis dom faoi na pictiúir.
Céard atá ar an mbalcóin?
Ainmnigh na rudaí atá san árasán.
Cé mhéad duine atá sa linn snámha?
An bhfuil na páistí ag imirt sacair/ srl.

1. Tarraing linn snámha agus páistí ag snámh inti.

balcóin ❷
árasán ❶
linn snámha ❸
❹ cathaoir ghréine

Bialann Chè

Sa Spáinn

Chuaigh an chlann go dtí an Spáinn an samhradh seo caite. Bhíomar ann ar feadh seachtaine. Bhí árasán againn. D'ullmhaigh Mamaí agus Daidí na béilí san árasán.

Chuaigh mé féin agus mo dheirfiúr Laoise ag snámh sa linn snámha gach maidin agus gach tráthnóna. Uaireanta bhí an aimsir róthe. Ansin d'imríomar snúcar nó thógamar 'siesta'. Bhí bialann in aice an árasáin. Thaitin an tseachtain sin go mór liom.

Foclóir: an chlann = the family; ar feadh seachtaine = for a week; árasán = apartment; D'ullmhaigh Mamaí = Mammy prepared; d'imríomar = we played.

2 Ceisteanna

1. Cá ndeachaigh an chlann?
2. An ndeachaigh an chlann go Corcaigh?
3. An ndeachaigh an chlann go Baile Átha Cliath?
4. Cé a d'ullmhaigh na béilí?
5. Cá ndeachaigh tú féin agus Laoise ag snámh?
6. Céard a rinne sibh nuair a bhí sé róthe?
7. Cá raibh an bhialann?

3 (a) Le foghlaim:

róthe	rófhuar	rómhór
róbheag	róthrom	ró-ard

(b) Líon isteach na bearnaí:

1. Chuir mé bríste Dhaidí orm ach bhí sé _____ dom.
2. "Ní féidir liom an mála prátaí a chur isteach sa charr," arsa Mamaí. "Tá sé _____ dom."
3. Bhí brón ar Áine mar bhí an bosca brioscaí _____ di.
4. "Tá an poll _____ duit," arsa an luch leis an gcat.
5. D'fhan Seán in aice na tine mar bhí an aimsir _____.
6. Thóg mé mo lámh den radaitheoir mar bhí sé _____.

4 (a) Le foghlaim:

AMÁRACH

Ceann**óidh** mé arán **amárach**.

Ceann**óidh** tú arán **amárach**.

Ceann**óidh** sé arán **amárach**.

Ceann**óidh** sí arán **amárach**.

Ceann**óimid** arán **amárach**.

Ceann**óidh** sibh arán **amárach**.

Ceann**óidh** siad arán **amárach**.

(b) Scríobh amach an abairt seo a leanas mar atá déanta thuas agus tarraing na pictiúir.

Brostóidh mé ar scoil amárach.

5 Tomhais

(i) Cad dúirt an leon nuair a chonaic sé an moncaí?

(ii) Rithim ó Bhaile Átha Cliath go Gaillimh agus níl aon chosa fúm. Cé mise?

(i) Ní dúirt sé aon rud. Ní féidir le leon caint.
(ii) Traein

An Trá

CD Rian 28

Níl orm carraig ná sliogán
Táim anseo i gcónaí;
Níl orm feamainn ná faoileán,
Is mise an trá mhór bhuí.

Tagann na páistí chugam,
Is orm a thógann caisleáin;
Braithim is feicim a gcluichí,
Leadóg, iomáint is liathróid luascáin.

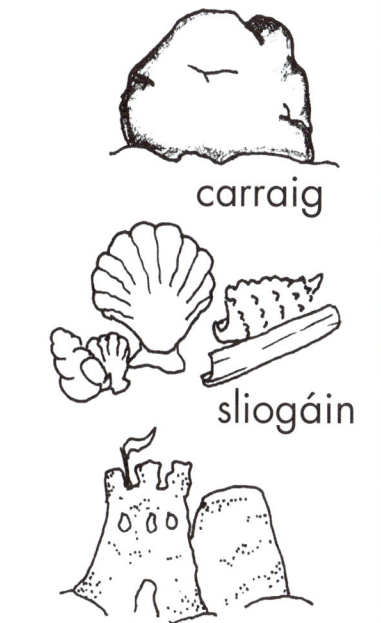

Bím liom féin, bím uaigneach
Nuair a scaipeann na daoine;
Bím fuar, bím fliuch,
Nuair a fhilleann an geimhreadh.

carraig

sliogáin

faoileán

liathróid luascáin

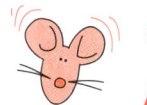

feamainn

leadóg

CEACHT 25

Comhrá beirte/Comhrá baile

Cuir na ceisteanna seo ar do chara.

A

1. Ar thaitin an t-úll leat?
2. Ar thaitin an líomanáid leat?
3. Ar thaitin an tae fuar leat?
4. Ar thaitin an bainne te leat?

B

1. Thaitin an t-úll liom.
2. Thaitin an líomanáid liom.
3. Níor thaitin an tae fuar liom.
4. Níor thaitin an bainne te liom.

5. Cé acu is fearr leat, bainne nó cóc?
6. Cé acu is fearr leat, uisce nó oráiste?
7. Cé acu is fearr leat, líomanáid nó 'Seacht Suas'?

5. Is fearr liom bainne.
6. Is fearr liom oráiste.
7. Is fearr liom 'Seacht Suas'.

116   céad a sé déag

Comhrá: Inis dom faoi na pictiúir.
Cá bhfuil na páistí?
Céard atá ar an mbóthar?
Cad a fheiceann tú san aerfort?
Ainmnigh na hainmhithe atá sa zú?

1. Dathaigh pictiúir a dó agus a trí.

① riarthúr
② héileacaptar
③ eitleán
④ an t-aerfort
⑤ an zú
⑥ panda
⑦ leon
⑧ liopard
⑨ moncaí
⑩ Páirc an Chrócaigh
⑪ D'éirigh liom cúl a fháil

(a) An turas scoile

Chuaigh mé ar thuras scoile Dé hAoine seo caite. Thug Mamaí mé go dtí an clós scoile. D'fhág an bus an scoil ar ceathrú chun a hocht. Bhíomar i mBaile Átha Cliath ar a deich a chlog.

Chuamar go dtí an t-aerfort, an zú agus Páirc an Chrócaigh. Thaitin Páirc an Chrócaigh go mór liom. Bhí cluiche peile ag an rang ann. D'éirigh liom cúl a fháil. Chuamar abhaile ansin. Ó, thaitin an turas scoile sin go mór liom.

Foclóir: turas scoile = school tour; Bhíomar = we were; Chuamar = we went.

(b)   **Turas scoile**

Chuaigh mé ar thuras scoile Dé hAoine seo caite. Thug Mamaí mé go dtí stáisiún na traenach. Bhí an scoil go léir ann. D'fhág an traein an stáisiún ar a hocht a chlog. Bhíomar i bhFóta ar a dó dhéag a chlog.

   Chonaiceamar gach saghas ainmhí is éin ann. Thaitin na léamair go mór liom. Sciob léamar amháin arán as mo láimh. Fuaireamar béile breá sa bhialann. Thug an traein abhaile sinn ar leathuair tar éis a naoi. Thaitin an lá sin go mór liom.

Foclóir: stáisiún na traenach = train station; Chonaiceamar = we saw; gach saghas = every kind; Fuaireamar = we got; sa bhialann = in the restaurant.

2 (a) Le foghlaim:

aon chailín amháin   seisear cailíní

beirt chailíní   seachtar cailíní

triúr cailíní   ochtar cailíní

ceathrar cailíní   naonúr cailíní

cúigear cailíní   deichniúr cailíní

(b) Líon isteach na bearnaí:

1. Chonaic an fear _____ _____ (6 cailín) ag rith.
2. Ní fhaca mé _____ _____ (7 múinteoir) inné.
3. An bhfaca tú _____ _____ (8 siopadóir) ar maidin?
4. Shiúil _____ _____ (5 banaltra) síos an bóthar.
5. Bhí _____ _____ (4 dochtúir) san ospidéal.
6. Tháinig _____ _____ (10 paisinéir) amach as an eitleán.

3 **Tarraing an pictiúr agus éist.** CD Rian 29

4 **Rabhlóg**
Rug leon ramhar ar iora rua aréir.

CEACHT 26

(Dul Siar)

Is mise an rí CD Rian 30

Bhí Leo an leon, Íogar an tíogar agus Nicí an moncaí ar saoire sa Spáinn. Bhí an ghrian ag taitneamh go láidir. Bhí sé a dó a chlog.

"Cá rachaimid inniu?," arsa Íogar.

"Rachaimid cois trá," arsa Nicí.

"Ní rachaimid cois trá," arsa Leo. "Rachaimid go dtí an phictiúrlann."

"Cén fáth nach féidir linn dul cois trá?" arsa Nicí agus Íogar.

"Mar is mise an rí," arsa Leo agus lig sé búir as.

Chuaigh siad go dtí an phictiúrlann. Bhí scuaine fhada ann. Bhí Pól agus Ciarán i dtosach na scuaine.

"Ní féidir leat seasamh anseo," arsa Pól le Leo.

"Is féidir liom," arsa Leo, agus lig sé búir as.

"Cén fáth?" arsa Ciarán. "Níl sé sin ceart."

"Mar is mise an rí," arsa Leo, agus lig sé búir eile as.

Cheannaigh Nicí trí thicéad. Chuaigh siad isteach sa phictiúrlann. Bhí na stallaí lán. Chuaigh siad suas go dtí an bhalcóin agus shuigh siad. Bhí a lán ainmhithe eile ina suí freisin.

Thosaigh an chéad phictiúr. Cartún 'Tom' agus 'Jerry' a bhí ann. Rith Tom taobh thiar den tolg, timpeall an bhosca bruscair os comhair an mheaisín níocháin agus trasna an urláir. Rith Jerry ina dhiaidh ach níorbh fhéidir leis breith air.

Thaitin an pictiúr go mór le Leo, le hÍogar agus le Nicí. Ansin thosaigh an scannán eile. Scannán fiaigh a bhí ann. Bhí gunna ag fear amháin agus mharaigh sé trí eilifint agus dhá leon. Níor thaitin an scannán seo le Leo.

"Is fuath liom an scannán seo," arsa Leo, agus d'éirigh sé ina sheasamh. Lig sé búir as.

"An bhfuil sibh ag teacht liom?" arsa sé le Nicí agus Íogar.

"Ó, tá, tá, táimid," arsa Nicí agus Íogar.

Chuaigh Leo go dtí fear na dticéad.

"Tá mo chuid airgid ag teastáil uaim," arsa Leo.

"Cén fáth?" arsa fear na dticéad.

"Mar ní thaitníonn scannán fiaigh liom," arsa Leo, "agus is mise an rí," agus lig sé búir eile as.

Thug fear na dticéad an t-airgead do Leo.

"Cá rachaimid anois?" arsa Nicí.

"Rachaimid go dtí bialann agus beidh dinnéar breá mór againn," arsa Leo.

Chuaigh Nicí, Íogar agus Leo isteach i mbialann. D'ith siad dinnéar breá blasta. Thóg siad 'siesta' breá fada an tráthnóna sin.

píobán uisce
casúr bísire
lámhainní
fraschanna

Dráma – Ag obair sa ghairdín CD Rian 31

Liam :   A Dhaidí, cá bhfuil tú ag dul?
Daidí: Táim ag dul isteach sa gharáiste chun an lomaire faiche a fháil.
Liam: An bhfuil an féar ró-ard?
Daidí: Tá. Caithfidh mé é a ghearradh.
Liam :   Ba mhaith liom bheith ag obair sa ghairdín.
Daidí: Is féidir leat na fiailí a phiocadh.
Liam :   Ach beidh mo mhéara salach.
Daidí: Féach, tá lámhainní ar an tseilf.
Liam :   Céard a thabharfaidh tú dom?
Daidí: Tabharfaidh mé cúig euro duit.
Liam :   Go raibh maith agat. Tosóidh mé ag obair anois díreach.

124 céad fiche a ceathair

1 (a)

AMÁRACH — **AMÁRACH**

Ná déan dearmad

Dúnfaidh mé	Cuirfidh mé	Ceannóidh mé
Dúnfaidh tú	Cuirfidh tú	Ceannóidh tú
Dúnfaidh sé	Cuirfidh sé	Ceannóidh sé
Dúnfaidh sí	Cuirfidh sí	Ceannóidh sí
Dúnfaimid	Cuirfimid	Ceannóimid
Dúnfaidh sibh	Cuirfidh sibh	Ceannóidh sibh
Dúnfaidh siad	Cuirfidh siad	Ceannóidh siad

(b)

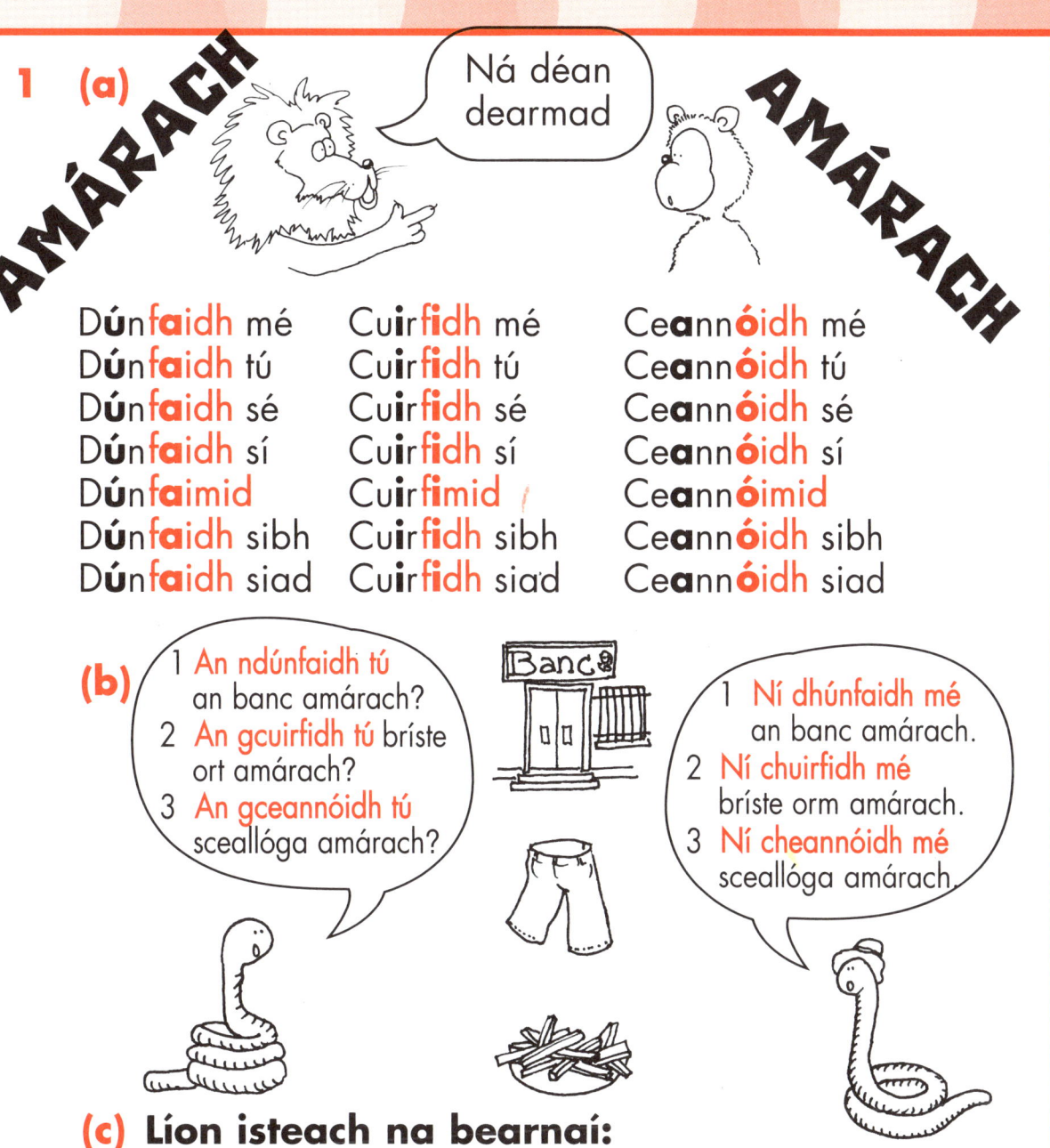

1 An ndúnfaidh tú an banc amárach?
2 An gcuirfidh tú bríste ort amárach?
3 An gceannóidh tú sceallóga amárach?

1 Ní dhúnfaidh mé an banc amárach.
2 Ní chuirfidh mé bríste orm amárach.
3 Ní cheannóidh mé sceallóga amárach.

(c) Líon isteach na bearnaí:

1 (Glan) _____ mé an fhuinneog amárach.

2 (Bris) _____ sé an bata amárach.

3 (Cuir, sinn) _____ leabhair sa mhála amárach.

4 (Rith, sinn) _____ abhaile amárach.

5 (Ceannaigh) _____ siad ticéid amárach.

6 An (tosaigh) _____ tú ag canadh amárach?

LITRIÚ

1
lochán
Ciarán
uisce
Ní fhaca
Shiúil sé
a bhróga
stocaí
rúitín
Chuir
slipéir

2
Ciara
aréir
dochtúir
Daidí
Tháinig
D'fhéach sí
teanga
teirmiméadar
piollairí
biseach

3
Chuaigh
seomra
Chuir sí
folctha
sa bháisín
nigh sí
uisce

tuáille
Tháinig sí
thriomaigh sí

4
ceathair
staighre
leabhar
ina láimh
ráille
Thosaigh sé
ag teacht
anuas
cúramach
brón

5
Chuala
doras
amuigh
dhún sí
beach
an fhuinneog
ina dhiaidh
bhuail sé
buidéal
D'eitil

6
(Dul Siar)

7
Oíche
braillín
Rinne sé
taibhse
uirthi
lámha
Shiúil siad
Bhain siad
cnónna
féasta

8
Préachán
Shiúil sí
Chonaic sí
sciathán
bun an chlóis
cara
Thóg siad
cúpla lá
bindealán
abhaile

9
ceapaire
Rinne Laoise
maidin
Fuair sí
dhá phíosa
Leath sí
Leag sí

déanta
Chuir sí
sa bhosca lóin

10
bheirigh mé
aréir
Fuair mé
sáspan
isteach
sorn
D'ardaigh mé
thosaigh
Mhúch mé
thaitin sí

11
(Dul Siar)

12
Siúlaim
isteach
tráthnóna
Tosaím
Cuirim
ceathair
cartúin
Nuacht
fearr
teilifís

13
Aoine
Bíonn sé
Faigheann sé
cianrialtán
Cuireann sé
teilifís
Tar éis tamaill
a chodladh
Féachaim
clár comhrá

14
crann Nollag
bliain
cabhair
pléascóga
Cuireann sí
tinsil
soilse
Lasann sí
Ólaimid
líomanáid

15
Tugann sí
Satharn
Siúlaim
bóthar
trasna
isteach
Faighim
Ceannaím
siopadóir
Téim

16
bráisléad
Dé Luain
uaithi
siopa seodóra
freastalaí
Phioc sí
ró-theann
díreach
áthas an domhain
tráthnóna

17
(Dul Siar)

18
Scannán uafáis
Chuaigh sí
na pictiúir
Cheannaigh sí
amháin
coimhthíoch
Bhain sé
geit
Mharaigh sé
spáslong

19
leabharlann
leabhar
shiúil sí
Thosaigh sí
dineasár
pictiúir

D'fhéach sí
eolas
barrachód
Thaitin

20
na héadaí
Dé Sathairn
seo caite
Chuaigh sé
faoin gcathaoir
sa mheaisín
D'fhéach sé
bríste géine
fobhrístí
salacha

21
Ghearr Daidí
an fhaiche
forbhríste
a bhuataisí
sa gharáiste
lomaire
lámhainní
fiailí
tuirseach
Shuigh sé

22
Chuaigh sí
Dé Domhnaigh
an ghrian
Pháirceáil sí

chuamar
Shiúlamar
Chonaic mé
ag dorchú
Thosaigh sé
ag stealladh

23
Leac oighir
rothar
ar an mbóthar
Go tobann
sciorr
gortaithe
D'fhéach sí
roth lúbtha
slabhra
Ní dheachaigh

24
an chlann
samhradh
seo caite
árasán
D'ullmhaigh sé
mo dheirfiúr
linn snámha
tráthnóna
bialann
Thaitin

25
Dé hAoine
ar thuras scoile

D'fhág an bus
ceathrú
Bhíomar
Chuamar
an t-aerfort
Páirc an
   Chrócaigh
cluiche peile
D'éirigh liom

26
(Dul Siar)

CEISTEANNA

1	Cad? What		8	Cathain? When?
2	Céard? What?		9	Cén t-am? What time?
3	Cé? Who?		10	Cá? Where?
4	Conas? How?		11	Cár? Where?
5	Cén chaoi? How?		12	Ar? Did?
6	(Cá) Cé mhéad? How many?		13	An? Does?
7	An mó? How many?		14	Cén fáth? Why?

UIMHREACHA

1	aon	8	ocht	15	cuig déag
2	dó	9	naoi	16	sé déag
3	trí	10	deich	17	seacht déag
4	ceathair	11	aon déag	18	ocht déag
5	cúig	12	dó dhéag	19	naoi déag
6	sé	13	trí déag	20	fiche
7	seacht	14	ceathair déag	21	fiche a haon

LAETHANTA NA SEACHTAINE

An Luan	Dé Luain
An Mháirt	Dé Máirt
An Chéadaoin	Dé Céadaoin
An Déardaoin	Déardaoin
An Aoine	Dé hAoine
An Satharn	Dé Sathairn
An Domhnach	Dé Domhnaigh

MÍONNA NA BLIANA

Eanáir	Iúil
Feabhra	Lúnasa
Márta	Meán Fómhair
Aibreán	Deireadh Fómhair
Bealtaine	Samhain
Meitheamh	Nollaig